AF617575

EL TRAZO QUE NOS UNE

Mar Millán

Primera edición: noviembre, 2024
Título: El trazo que nos une

07009 Palma de Mallorca
www.rapitbook.com

ISBN: 978-84-10484-15-3

Autora: Mar Millán
Edición: Andrés Cárdenas, para Rapitbook

Impresión y encuadernación:
Fotocopistería Impresrapit, S. L.
www.impresrapit.com

Impreso en España–*Printed in Spain*

A lxs que perciben la disgregación
y perseveran reuniendo piezas.

ÍNDICE

Puntillismo (RAE)
1. m. Escuela pictórica del siglo XIX, derivada del impresionismo, que se caracteriza por los toques de color cortos y yuxtapuestos de colores puros.

Sinónimo: divisionismo.

Divisionismo (RAE)
1. m. Puntillismo.
2. m. Tendencia que propicia y promueve escisiones en el seno de la sociedad.

***

Un hombre solo, una mujer
así tomados, de uno en uno
son como polvo, no son nada.

José Agustín Goytisolo

A la mar totes les barques són petites
(dita mallorquina)

Este desamparo es insoportable
(muchxs)

PRÓLOGO

Tienes en tus manos una obra de la que emana verdad. Una verdad que al ir descubriendo probablemente nos interpele y nos desvele la propia. En la era de la desconexión en la que vivimos, nos sobran estímulos con los que anestesiarnos. Bien, pues estás ante un buen antídoto. Un antídoto que te ayudará a conectar con tu manera de vivir, con el sentido que tiene —o no tiene— para ti cómo vives y cómo vivimos en nuestra sociedad actual. Esta obra también te acompañará a ver más allá de ti mismo/a y, a la vez, verte como parte del todo que nos envuelve. La autora nos enseña su realidad y nos la muestra al desnudo, sin trampa ni cartón. No hay cortina de humo alguna. En estas páginas no encontrarás partes vetadas. Mar nos habla, de manera honesta y sin atrezo, desde sus entrañas. Enseña lo que es y también lo que no es. Solo desde esta entrega absoluta nos puede llevar a lo largo del libro a contemplar nuestra propia desnudez. Sin formular preguntas nos las formula todas, desde las suyas propias. Esta es la capacidad que tiene lo genuino para llevarnos a más conciencia y honestidad. Desde la contemplación de la desnudez del otro/a podemos mirar, y tal vez abrazar, la nuestra.

En mi relación personal con Mar he podido constatar que ella vive y se comparte desde la más absoluta autenticidad. Hace unos años le escuché decir que ella no usaba atrezo. En esa ocasión se refería a que no llevaría palos de senderismo para realizar una ruta de montaña de varios días. Iría sin añadidos, ligera. He visto como esa afirmación la define en todo lo que hace, en su manera de relacionarse en el mundo y con el mundo, y también en su manera de escribir. No hay atrezo porque no hay representación. Y tú mismo/a podrás constatarlo a lo largo del libro.

Actualmente vivimos el momento histórico con mayor prevalencia de diagnósticos de salud mental. No hace falta ser profesional del campo para observarlo. Lo podemos comprobar en la prensa diaria, en las conversaciones de cafetería, en casa con nuestras familias, en los hospitales o en la puerta de los colegios. Esta avalancha de sufrimiento no se detendrá hasta que tomemos acción como colectividad. Creo que el gran valor de esta obra es invitarnos a despertar y ayudarnos a tomar conciencia de que "solxs podemos poquito", de que somos seres insignificantes de a uno.

El trazo que nos une es una llamada al despertar de esta forma de esclavitud que hemos adoptado. Nos da la llave de la salida. Sin atrezo. Sin soluciones mágicas. Aceptando todo lo que puede servir; rechazando todo lo que no acepta otros modos de pensamiento.

Gracias Mar por este regalo.

Mi deseo para todos los lectores, y para mí misma: que lo podamos tomar.

Alba Castro Montenegro
Psicóloga clínica y psicoterapeuta humanista

INTRO

Escribo para entender. No para entenderme, sino para comprender lo que pasa fuera de mí y cómo lo proceso acorde a mi filtro. No me considero especial, sino hija de una época revolucionada, y muy poco revolucionaria. Habito en occidente, aunque visito a temporadas otros puntos cardinales. Me paseo.

Creo estar viviendo en un momento histórico puntillista, distinto al pictórico del siglo XIX. Un puntillismo del siglo XXI, intencionadamente disgregado y separatista. Habito dentro de una estructura social neoliberal salvaje y desempoderadora. Manifiesto a lo largo de este libro cómo es vivir una existencia de este tipo, una cualquiera, parecida a cualquier otra existencia occidental, en la que la comunidad, la colectividad y la conectividad se nos escamotean en aras del individualismo que logra y consigue por sí solo. Es un logro que no llega nunca y, si llega, el espacio que se alcanza es distópico, hueco.

El puntillismo del siglo XXI nos numera y nos aísla, nos roba la orquesta, la música y la fuerza de la especie. Es una falacia que destruye nuestra naturaleza mamífera y gregaria, dejándonos indefensxs, arrojadxs a una indefensión aprendida en la que tragamos con todo como si fuese cosa del azar o del destino. El sistema y lo estructural se despersonaliza. Nadie es responsable de ello. Sin embargo, tu situación individual dentro de esta estructura sí es exclusivamente asunto tuyo. Tú eres el responsable de tu suerte. Este pensamiento mágico es macabro; cuando menos, es interesado.

Escribo para entender y para unir, para poner el foco en la imagen que proyectamos como sociedad puntillista. Mi anhelo es desenmascarar la entropía. El desorden buscado de un sistema tendente a la muerte. Y poner un poco de consciencia en el asunto que despista cualquier existencia puntillista. Recojo, entre capítulos, disgregado como no podría ser de otro modo, el manifiesto de este movimiento existencial, una forma de vida que denuncio y que es hora de trascender.

Mi intención y mi acción están puestas en que cada puntito se ilumine y configuremos una imagen conjunta. Unamos nuestras vulnerabilidades comunes, nuestra humanidad. Iluminemos el statu quo, el estado real de las cosas, bajo el que vivimos. Nos ayuda abordar y limpiar las zonas compartidas de la casa que habitamos. Mi intención y mi acción están puestas en que no nos escondamos más como sociedad. Señalo que nada es impersonal, ni mi destino ni el tuyo ni el nuestro; tampoco es impersonal cómo está montado este chiringuito en el que habitamos. Siempre hay personas, intereses, sistemas financieros y políticos detrás del montaje de los andamios que nos sostienen. Subir, bajar, bailar o despeñarse depende del andamio sobre el que estés, no solo de tus pasos o de tu habilidad.

El puntillismo ya está sucediendo, pero no tiene luz ni está recogido con claridad en ningún lugar. Hasta donde llega mi comprensión y mi capacidad de expresarlo, le pongo palabra. Este libro podría ser el fruto de una voladura, de un brote. Motivos no nos faltan. Estaría acorde con la época, y sus enfermedades mentales crecientes (no nos da la cabeza para entender), incluso sería un síntoma de que la presión de la disgregación puntillista funciona a la perfección, pero no es el caso. Mi discurso es desapacible, pero coherente.

Tenemos una responsabilidad colectiva: procurar una sociedad más amable con quienes la conformamos, más humana y compasiva, también buscar buenos gerentes. Es nuestra responsabilidad dejar los cuentos de hadas, la omnipotencia y el azar para el dado de Dios. Que juegue él con lxs suyxs. Hay cosas que pueden hacerse a nivel político, económico, social, cultural e individual. Lo social no es azaroso. Convertir las circunstancias sociales, económicas y políticas en azarosas, quitar la responsabilidad de quienes la tienen y aumentar la responsabilidad en exclusiva del individuo es violencia psicológica denunciable. Una verdadera tortura para la existencia. De esta tortura sólo se escapa mediante la demencia, el suicidio, la confesión culposa o la evasión. Otro modo para acabar con la tortura, uno que mantiene la dignidad humana, es tomar acción colectiva a través de una consciencia calmada que manifieste su agencia. Opto por este último.

Como sólo soy un punto más dentro de todo este sistema, un punto reflexivo, me creo igual de legitimada que cualquiera para expresar en qué consiste la estructura que habito. La denuncio y la describo desde dentro. Formo parte. Me cansa que se achaque el malestar a la dificultad azarosa de la vida o a la incapacidad del individuo. Estamos conectadxs. No somos puntitos aislados, por más que se pretenda. El mal de cada unx de nosotrxs es el de todxs. Me niego a quedarme yo sola con el mío y a agenciarme su origen, su causalidad, su agencia y su salida. Tiro balones dentro. Si este manifiesto le resuena a alguien, si puedo oír el eco, me sentiré satisfecha. Si mi voz se pierde conmigo no será grave: la foto ya estará expuesta. Habré dicho lo que tengo que decir.

El truco de lxs trilerxs me arde. Veo claramente que no hay bolita. No me sienta bien hacerme la tonta como si no hubiese visto. No quiero seguir jugando y perder mi dinero, mis capacidades, mi vida. Revelo el negativo de este tipo de existencia. La humanidad desaparece por turnos. Cuando me toque, quiero hacer mutis por el foro tranquila. Aparco el ego en este libro, comparto miserias sociales e individuales, desamparo. No tengo la verdad, sólo una visión clara del desamparo sistémico, estructural, global. Y otro modo de sentirme recogida, natural, siempre al alcance: el trazo que nos une.

Aviso de que voy a escribir sobre incomprensión, sobre fragmentación, sobre aislamiento, soledad, pánico, medicalización, sexo, muerte, amor y/o política. Voy a hablar a partir del intento desesperado de manifestar nuestra necesidad de unión a algún otro alguien. En estos tiempos nos conformamos con un fake, una voz lejana o una pantalla. Pero no es suficiente. La unión es una necesidad humana. Sin ella, morimos.

Si hablo de seres humanos, de toda la pluralidad que nos acoge, escribo con x, porque todxs somos una incógnita, una x matemática, que merece la pena tomarse el tiempo de desvelar.

Te deseo que tengas el tiempo de desvelar a tus humanxs más cercanxs y la valentía de dejarte despejar.

Salud y compañía.

CERO

REAL ACADEMIA ESPAÑOLA

Diccionario de la lengua española · Edición del Tricentenario · Actualización 2022

Consulta posible gracias al compromiso con la cultura de la Fundación "la Caixa"

por palabras · Escriba aquí la palabra · Consultar

peregrinar Conjugar

Del lat. *peregrināri*.

1. intr. Dicho de una persona: Andar por tierras extrañas.
2. intr. Ir en romería a un santuario por devoción o por voto.
3. intr. coloq. Andar de un lugar a otro buscando o resolviendo algo.
4. intr. *Rel.* En algunas religiones, vivir entendiendo la vida como un camino que hay que recorrer para llegar a la unión con Dios después de la muerte.

Fuente: www.rae.es

Peregrino. Incluso sin caminar. Ando por tierras extrañas. No acabo de comprender bien "la realidad" y preciso recorrerla con la intención de unir sus puntos para que su forma se haga evidente, como si fuese un dibujo de los que completaba de pequeña. De niña, ver las formas ocultas aparecer, unidas por las líneas temblorosas trazadas por mi mano de punto a punto, era siempre motivo de calma interna, gozo y sorpresa.

Todo tiene que ver con unir. Unirme, unir los puntos, unir la disgregación aparente de la realidad.

No sé si voy a hacerlo, pero hace algunos días que me ronda unir Roma con Assissi, y Assissi con Verna, y Verna con Firenze. Y todo eso, en vez de a bolígrafo, a pie. Quizá necesito hallar calma o que la figura de la realidad actual deje de esconderse.

Escribir también está resultando un ejercicio de unir puntos.

1.

Me encuentro recorriendo dos polos como caminando sobre un antiguo termómetro de mercurio. Arriba y abajo. Entre la fiebre y la hipotermia.

¿Qué se hace con el frío? ¿Qué se hace cuando no queda nada más que romper?

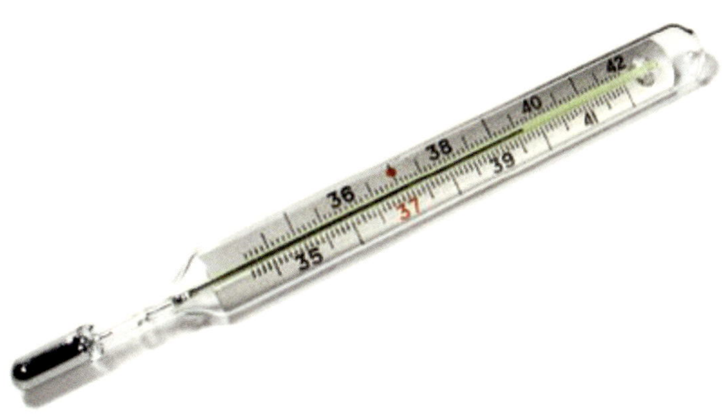

Fuente: https://detallesdepanama.com/2015/09/16/termometro-de-mercurio/

Me gustaba jugar con las burbujas de mercurio. Chafarlas y que volviesen a su forma, o que se subdividiesen en más y más gotas dispersas sobre la superficie plana de la mesa. Todas bien ubicadas. Las tocaba y mis dedos permanecían secos. Me sentía poderosa.

La costumbre de jugar es herencia de papá.

Sólo muchos años después supe que el mercurio es tóxico.

2.

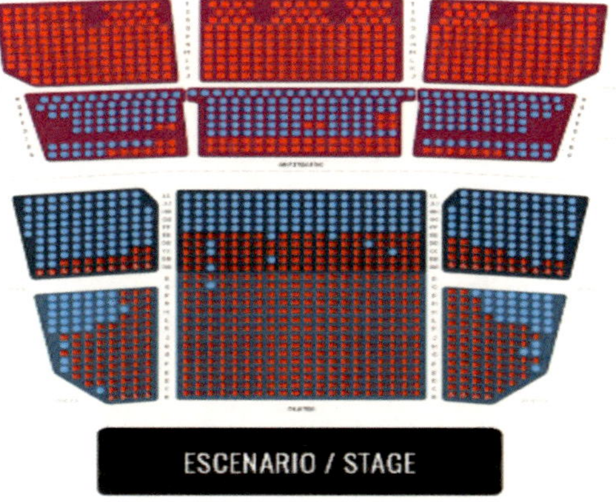

Fuente: www.auditoriumpalma.com

Las primeras plateas están llenas.

Compro las mejores localidades delanteras. Si te sientas delante, todo queda atrás.

Me acerco a ver la saliva y el sudor de las actrices y de los actores. Oigo su respirar, la fricción de sus ropajes al moverse y de sus pies rasgando el escenario. Estoy muy cerca.

Sentada delante, filas y filas de sombras quedan a mi espalda, descargando su peso sobre mí. Miradas, trajes, edades, olor, tos, sexo. Girar el cuello, abrir el obturador y captar luz, topa con la barrera de las fuerzas físicas. Los obstinados músculos de mi cuello no imprimen newtons suficientes que contrarresten el empuje de las sombras.

Mil manos acumuladas constituyen un muro infranqueable que me arroja hacia delante.

Si no tengo dinero me ubico al fondo, en el gallinero. Intento captar algo de lo que sucede en el escenario. Me llegan los diálogos. Intuyo las formas. Una liberación me alcanza alejada de la primera fila. Acudo sola al espectáculo.

Comprando la última localidad de la última fila me libero del peso aplastante de los siglos.

Ni actriz de reparto ni revelación ni principal. Una extra más. Hago bulto. Me diluyo anónima entre miles de cuerpos que conforman este puntual patio de butacas.

Abandono la sala confundida por el vomitorio. Me duele mucho el cuello.

3.

"El poeta que alabó a su señor el sol se ocultó a menudo en una cueva oscura" "Una cierta precipitación fue el equilibrio de su alma"-
Chesterton, *San Francisco de Asís*

Fuente: www.gronze.com

5:30 a.m. Muchos trazos salen de mi mano y unen puntos a esa hora.

Aparece un nuevo camino en mi móvil. No lo busco y no lo evito. Había dicho que no me cabían más caminos esta temporada. Siempre es mentira. Hoy evocar la hermandad con la fuente de la vida natural, y los pasos del cuerdo loco que fue San Francisco de Asís, me cautiva. Es la palabra adecuada. Quedo atrapada por la idea. Y busco realizarla antes de que se esfume. Casi es clavarle una chincheta a la idea y fijarla a la realidad. O quizá es la idea quien me clava a mí. Convertirme en la experiencia antes de perderla. Una acumulación de pérdidas sucesivas. La ausencia de mí y del otro es tan cierta como dolorosa.

Qué hago en verano en Mallorca. Quiero trabajar lo justo. Puedo hacer un parón terapéutico, cambiar el foco e indagar en mí. Buscar el dibujo detrás de los números (1,2,3,4,5,6,7...). Podría quedarme vinculada y cerca de las personas que amo. Pero no hay nadie. Lxs que amo tienen tan poco tiempo que mi soledad está asegurada. Últimamente no encuentro mucha paz.

Todxs eligen entre tiempo y dinero. Es un absurdo. Elegir entre tiempo y dinero es como elegir entre papá y mamá: no se puede. El 50 % de nuestra genética es de uno; el otro 50% de la otra. Elegir entre ambos es cercenar mi cadena de ADN en dos. Desaparecería al instante. Necesitamos tiempo y dinero. Quien elige, vive a medias. Si te hacen elegir, te laminan.

Recurrentemente entro en peregrinación. Quizá sea lo único constante en mi vida. El movimiento y el silencio suelen ayudarme a drenar la angustia del sinsentido. Entro en el vacío para salir del vacío. Este camino de las 5:30 a.m. de hoy quiere fijarme con su chincheta italiana. Me dejo penetrar para vivir. Camino para vivir.

El agua del mar mallorquín está calentita 6 meses al año. A veces es mi hogar. Cuando vuelva todo habrá cambiado en cierto modo, pero el Mediterráneo acogerá mi chapuzón, mi vuelta al líquido amniótico, al hogar y a las personas que amo, transformadas también por el paso del tiempo y las ausencias. El hogar migra. Como yo.

4.

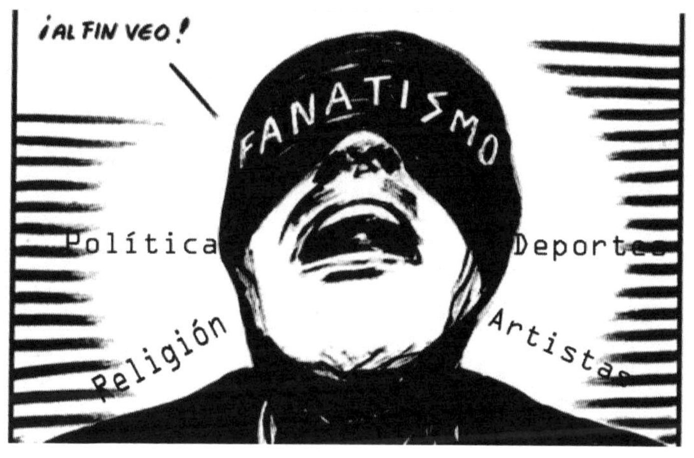

Fuente: https://gregoriff.com

Es habitual en mí atraer a los frikis. No a lxs del cómic o a lxs de Star Wars, sino a lxs que se creen militantes de las Fuerzas del Bien, lxs espirituales. Me reconocen perteneciente a su club y buscan afiliarme. Algo en mí debe imantarse también. Una especie de energía sideral que me atraviesa. El polo atracción-repulsión se activa y, pese a algunos desencuentros incómodos a tierna edad, nunca me he sentido excesivamente molestada ni atraída por ningún "grupo benefactor de la Humanidad" en concreto. Ahora pienso que quizá también ellxs quieren significar las vivencias y unir puntos como yo.

Como comenté en la intro, yo no comparto verdades, sino miserias colectivas e individuales. Sufrimiento. Y de ese tenemos todxs: variadito, inconsciente con frecuencia y con el mismo peso. No hay compasión para el sufrimiento ajeno en el fanatismo.

La lista de imantaciones frikis y curiosidades imprudentes es larguita. Testigos de Jehová a los 10-12 años. Opus, en la adolescencia. Los templarios, en la mayoría de edad. El catolicismo militante a finales de los 20. Y diversos y plurales adalides de la "luz y la consciencia", ya más madurita y bajo acreditaciones y titulaciones impresas. Los 30, los 40 y sus crisis. Obvio mencionar el vegetarianismo, el anarquismo, lxs okupas, lxs eneagramáticxs, lxs defensorxs del Ser y la Esencia, lxs materialistas, lxs meditadorxs alquímicxs, lxs mensajerxs de la impermanencia budista. Todo el mundo busca un ancla a la que agarrarse, incluso si el ancla es la ausencia de ancla. Da igual. Banalizo un poco, porque el tema es denso. Si banalizo parece más inofensivo, pero se las trae.

En esta búsqueda particular de unir puntos en que estoy, y de visibilizar la imagen resultante, revivo ascetismos, misticismos y otros "ismos" que parecen haber entendido algo de qué va la cosa. Esto de la vida. Me llaman potentemente desde lejos. Sí. La energía sideral me atraviesa anexionando polos diversos, entre fanatismos interiores-exteriores (en un intento didáctico de dividir así la realidad, en porciones).

Todxs lxs fanáticxs quieren exclusividad. La repulsa aparece en mí cuando las orejeras del burro me ahogan. Quiero saltármelas como si de fronteras custodiadas se tratase.

Cuando el foco sólo ilumina un espacio diminuto, dejando en la sombra un resto mucho mayor, mi interés se dirige a lo no iluminado. Siempre se trata de un espacio más amplio y rico.

Una visión integradora me asalta desde que tengo memoria. Me hacía gritar de noche. En ella no existen luces o sombras. Tampoco palabra. Hay mucho silencio. En ella, la exclusión queda excluida. Sólo hay.

Pertenezco al club sideral de lxs que se sienten solxs y unidxs a la vez.

5.

Fuente: https://ducerelente.com/kairos-el-momento-oportuno/

Dejé de trabajar para no oír el despertador. Así que imagínate lo que me gusta que me despierten. A los 17 años recuerdo decir que ese artilugio era inmoral.

Mi despertar es natural. Mi ritmo es solar. Cuando estoy dispuesta para un nuevo día, un nuevo aprendizaje, mis ojos se despegan por sí mismos, mi energía se dirige inequívoca, igual que la de un arquero de puntería certera. Me motiva la acción precisa y depurada. Soy ágil en el movimiento.

Aprecio el tiro con arco, las dianas con centros sugerentes, pintados de color. Amo la elegancia de la esgrima, la danza gozosa y blanca de los cuerpos, los floretes de punta redondeada que juegan, eludiendo la estocada innecesaria. No es necesario agujerear.

Los agujeros de gusano, otro artilugio de la física teórica, son puentes espaciotemporales que atrapan la luz impidiendo que salga. No se llega a ningún lugar a través de un agujero de gusano. Nadie escapa a lo prematuro de los puentes espaciotemporales. Esto se observa desde la gestación del bebé. La vida de un bebé es viable desde la semana 24, pero para subsistir ahí fuera lo adecuado es permanecer en el vientre materno, nutriéndose, creando estructura y manejo hasta la semana 37 o la 40. Luego ya se empuja, se nace y se aprende. Hasta en los videojuegos acumulas herramientas antes de pasar de pantalla.

No hay apuro. Prisa mata, amigo. ¿Pongo más ejemplos?

Me encanta la palabra prematuro. Su resonancia es clara. Su belleza intacta. En estos tiempos veloces se escamotea el tiempo preciso para madurar. Todo tiene que estar listo ya.

También el despertar, la conciencia y esas espiritualidades de bolsillo y *last minute.* La premura apremia con su espejismo y su promesa: pero no hay premio para quien despierta y madruga. El refrán tradicional no se cumple. El despertar lleva su tiempo, su cadencia: es obra de Kairós, anciano dios pagano.

El acceso a la conciencia no me ha sido velado, así que me resulta una verdadera grosería ser violentada con el despertar o acelerada en aras de su consecución. Es innecesario, y responde a una necesidad del despertador de ser un artilugio útil. Una premura antes de ser retirado. Un último legado para el ego. Pero ya todxs tenemos un móvil con accesorios para esos menesteres. En mi caso, soy una afortunada del sueño tradicional, de la calma y del pueblo. Tengo gallos de corral que cantan cuando les place y una brújula interna orientada al sol del este. El despertar me acompaña cuando me toca.

No me gusta que me apuren. No me gustan las verdades únicas. No me gustan los spoilers. Los atajos no son útiles: no llegan jamás al mismo destino que el camino pausado.

6.

"No ha de quedar para simiente de rábanos. Phrase alusiva, con que se le advierte à alguno el que ha de morir, y que no ha de ser eterno en el mundo, quando en lo que trata ù dice se muestra mas essento, ù olvidado de essa especie. Lat. Nonnè in sementem raphanorum te reservari oportet?"
Diccionario de autoridades, Tomo VI, 1739.

Estoy harta de que la gente se muera. Alguna vez les increpo a gritos: ¿Podéis dejar de moriros ya? Y entro en frío, en temblor y en pánico. Guardada en la memoria, tengo una antigua imagen de mi madre de pie, en la cocina de la que fue mi casa, burlándose en tono jocoso, "no voy a quedarme para simiente de rábanos, ni tú tampoco". Me sumía en la impotencia y en la negrura. Ahora ya no dice esas cosas. Más bien se la oye decir que no espera morir hasta los 100 años, por lo menos.

Últimamente no para de morírseme gente cercana. Es una mala costumbre. Me encuentro algo cansada. Les dejo que me cuenten que se van a morir, que tienen miedo, que aún quieren ver a sus hijxs crecer. Les digo, "dispara", como si fuese yo la muerta, cuando me dicen que tienen algo muy malo que contarme. Como si fuese yo quién para sostener la noticia. Quizá me haría bien llorar, pero me congelo. Bastante tienen con su propio miedo, para decirles que yo... Escucho, acompaño, estoy ahí, pero me cuido de decirles cómo me aprieta por dentro.

Recuerdo otro caso querido, en que "otra ella" me decía que una de sus ilusiones mayores para "ponerse bien", era volver a hacer una excursión juntas. Con "otro él" improvisamos, hace tan poco, un sarao con un par de garrafas de plástico, cajones flamencos sonando en las costas cercanas al desierto de Lompoul. Lxs senegalesxs lugareñxs se acercaban a bailar con nosotrxs e incrementar la fiesta. Éramos blancxs un poco menos blancxs. Y después de aquello, siempre inoportunamente, se desvaneció tras casarse in extremis con el amor de su vida, a sabiendas ya ambxs, una semana antes de morir.

Estuvo el poeta, de quien no tuve el valor de despedirme. Y mi padre, para quien en mis posteriores pesadillas jamás llegué a tiempo. Ley de vida. Perra vida. "Nunca es buen momento para morir", esa frase la digo yo a quien pide más tiempo para lxs suyxs. Estoy harta de que la gente se muera. Y no sé contárselo a nadie, porque mi desgarro y la parálisis no alcanzan a traducirse en palabras. No puedo mirar a la gente a los ojos y sonreír. No me queda sonrisa. En algún tiempo creí que una vida humana era suficiente. En este sinsentido, la ácida poeta Antonina Canyelles me resume en unos versos viejos como yo misma:

Morir? Digau viure de pla
I sense accesoris.
L'empresa vertical de viure
comporta el dolor de dur sabates.

Traducción: ¿Morir? Decidle vivir de plano / y sin accesorios. / La empresa vertical de vivir/ comporta el dolor de llevar zapatos (la traducción es mía).

Al del cajón flamenco que menciono más arriba le hicieron un homenaje artístico otrxs alguien que osan crear, gozar y compartir antes de desvanecerse.

Lalo Garau - Manu se va (videoclip oficial)

Fuente: https://youtu.be/4tv9nk4ojws

Manu nos alumbró con palabras simples. Decía que su cáncer terminal lo había matado en un año (18 meses duró), pero que a sus 50 años lo había curado de una enfermedad mucho peor que lo aquejaba desde que tenía memoria: la importantitis.

Hoy me acuerdo de la importantitis, una pandemia, ante esta luz verde que parpadea. 133. Cables, ruidos, enfermerxs blancxs y azules verdosos aceleradxs con Crocks. Hace 24 horas, ayer, paseaba y hacía el amor en la playa. Me gusta follar en la naturaleza, me hace sentir más viva. Hoy acompaño a mi hermano mayor, postrado en una camilla de urgencias. Un tipo diferente de arritmias, de hombres y de vínculos, desde luego. El día sigue soleado allí afuera, pero hoy el sol exterior no ayuda. Todo se gesta en los cuerpos.

Mientras alterno la sala de espera, con la visita a mi hermano y con las ojeadas a los mensajes nuevos del *WhatsApp* familiar, mi mente es asaltada por las imágenes de la Marina de Son Real. Un bello sendero que recorrí ayer mismo. En esta sala de urgencias actual, la sensación extraña de estar siendo manipulada por una estrategia publicitaria de mensajes subliminales me invade. Una genialidad creada por conocedores del subconsciente humano.

En general, no me presto voluntaria a que me inyecten mensajes, así como no me resulta agradable que me abran una vía en las venas para inocularme sueros que me mantengan viva. Pero si hay que aprender algo, se aprende. Abro las venas, me meto un chute, integro lo que puedo, y lo aplico. Y aquí, en la sala de espera, o dentro, contemplando a mi hermano mayor postrado en la incómoda camilla, el aprendizaje es vicario. FC 133.

Mientras, toc-toc: imagen subliminal; toc-toc: imagen subliminal. Así que, sentada en urgencias, a la espera de resultados, repaso mi excursión, repaso el hartazgo de muerte que llevo encima, en busca de claves. Quiero darle un toque romántico a esta realidad hospitalaria, así que me embeleso con la naturaleza, maestra de vidamuerte.

La Marina de Son Real es un camino precioso de unos 5 kilómetros que une Son Serra de Marina con Can Picafort, en la parte septentrional de la isla de Mallorca. Si empiezas a caminar en Son Serra, al cabo de una hora alcanzas la Necrópolis talayótica de Son Real, una construcción con 110 sepulcros datados entre el siglo VII y en I a.C. Los sepulcros, que se ven claramente y resultan enternecedores, tienen forma circular, cuadrada, rectangular o absidial. Justo detrás de ellos —o delante, según se mire— el mar Mediterráneo, como todos los mares, se tiende indescifrable.

Allí sentada contemplando, rumiaba yo cómo serían los sueños y afectos de esxs cientxs de mallorquinxs (perdóneseme el anacronismo) que habitaron el lugar hace ya al menos 2600 años. Ante mi vista se apilaban bien colocadas piedras de distintos tamaños y, entre ellas, en la vertical, ondeaban cintas alargadas de plástico rojo y blanco, indicándome que no me acercase demasiado al lugar. Me mantuve observando relajadamente, alejada sólo cien metros. Justo detrás, el mar ancho y de un azul tan bello como imposible.

En la sala de espera del hospital, aturdida por los mensajes publicitarios de mi hipotálamo y corteza cerebral, ato cabos entre filas de sillas rojas. Allí, en urgencias, oigo llantos y gritos y llamadas a últimos adioses por megafonía o quizá, quién sabe, a recogidas alegres, abrazos y vueltas triunfantes a casa.

Así, de repente, me parece que 2600 años no son nada, que el mar, aparte de azul, es democrático, al fin y al cabo, acogedor. Cualquier atisbo de importancia personal no es más que un pequeño paréntesis ingenuo y desubicado en medio de la inmensidad. La insignificancia en este caso me hace sentir más viva. Me siento como una bengala de cumpleaños que va a apagarse pronto y chisporrotea para llamar la atención unos segundos.

No hayo la paz en esta sala. Mi hermano no es un hombre de mar. Al menos, aún no. Pido una prórroga para él.

7.

Fuente: https://youtu.be/7IGgjH0c49s?si=enCmNhGfB4eXEYJe

Estoy cagada. Tengo miedo. A morir y a vivir así, insignificante. Busco espacios de significancia. Me he despertado muchas veces a lo largo de la noche. Adormilada me decía "lo que te pasa es que tienes miedo". Ha ocurrido en muchas ocasiones. Lleva ocurriendo seguido. Mensajes claros y cortos para que tome conciencia. Estoy cagada. Por eso estoy tan cansada últimamente. No hallo descanso entre tanta advertencia. El miedo es corrosivo y agotador.

Comprendo cada vez más la disolución en la muerte. Formar parte de la vida no significa ser capaz de disfrutarla. Vivo la vida como un regalo y una oportunidad única y, pese a ello, muchos momentos de desesperación y lucidez se me presentan a diario. Me cuesta mucho desembarazarme de ellos. La lucidez que aclara los tiempos aparece, pero también aporta cierto desasosiego. No creo en la conciencia universal que nos sostiene. Es un constructo. Un artefacto. La certeza de que la palmo y punto es un acicate para exprimir la vida aquí y ahora, pero también activa mi miedo. Tengo un ego que no quiere morir. Mi incredulidad me apena un poco.

Querría creer en el sostén y la pertenencia a la conciencia universal (ahora ya no se llama Dios, ese nombre es muy patriarcal, un cuento de abuelxs con rosarios). Ahora todo es *new age*, energético, budista o de una trascendencia postkantiana, en la que el tiempo y el espacio no existen, sólo lo sincrónico. Vidas paralelas. Estamos vivxs siempre. Kant era prusiano y lxs prusianxs pasaban frío, no creían en chorradas.

La conciencia universal la imagino como una especie de gallina caponata que te vuelve a incubar cuando la palmas para mantenerte calentitx hasta tu próxima encarnación. Luego rompes el huevo y no te acuerdas de nada más. Ya me dirás qué consuelo es ese. La metempsicosis griega o la trasmigración de las almas. No son exactamente lo mismo, pero son, ambas, versiones de garrapatas agarradas a la vida. Se hace duro aceptar que te mueres y punto. Aceptar el límite y el fin, como cualquier mamífero. Como cualquier cucaracha a la que le acortas la vida si te incomoda su paseo de madrugada. Crash. Crack. Aighh. Puto asco. La evolución darwiniana, la ciencia y esas cosas.

Claro que no existe la muerte. La general, no. La vida sigue, como siguió la vida cuando quemaron recién muerto a mi padre, pero nada de él existe en ningún lugar, salvo en el corazón de lxs que seguimos quedando:unxs pocxs. Salvo su camisa lila, su mirada afable y su barriga en las fotos —que tantas comilonas le costó mantener, decía—, sólo quedan imágenes y recuerdos robados al pasado. Quizá incluso reinventados. Fotos pinchadas con una chincheta en el corcho familiar, como las mariposas muertas de cualquier coleccionista. La belleza de la vida que ya pasó.

Si el buen hombre, mi padre, que fue lo suficientemente bueno (para qué pedirle más) tuviese que encarnarse me encantaría que lo hiciese en un tahúr al que le fuese bien. ¿Le gustaría a él eso? Que ganase esta vez. Que dejase de disfrazar sus derrotas con ensaimadas recién compradas a las 8 de la mañana. Esconder la pérdida, la vergüenza y la adicción tras un gran dulce con el que sobornar a lxs hijxs y acallar a la parienta. Un tahúr ganador. El primero en su especie. Se lo merecía por constante. Las adicciones no deberían acabar siempre mal. Y sí, me pido la metempsicosis para mi padre. Creo que él también querría haber vuelto a ser él, pero un él con más éxito.

Yo también quiero encarnar en una Mar Millán otra vez. No se está mal por aquí. No quiero morirme. ¿Quiero más éxito? Estoy bastante satisfecha con cómo me gestiono. No me va mal. Un poco de éxito más sí quiero, pero del que no molesta. Del que no roba la libertad. ¿Existe eso?

Quedo mal en mi ámbito profesional, el docente, el terapéutico, el humanista, algunxs incluso lo llaman pseudoterapias (supongo que ellxs han encontrado la verdad, el modo). Quedo mal si no creo en la conciencia que nos sostiene. Se supone que pertenezco a una conciencia evolucionada. Me parto con tanta arrogancia. No estoy evolucionada. Ni sé qué debería ser eso. Me cuesta horrores no estar enfadada, triste o cagada gran parte del día. No puedo autoconvencerme. La fe, del tipo que sea, con el atrezo que se quiera, no es cuestión de voluntad. Con disfrutar de este día tengo más que de sobra. Ya es titánico.

Si por mí fuera, viviría 7 vidas con mi nombre y apellidos. Egoica a tope. Tengo un buen nombre. Mar Millán. Me gusta. Es literario y cortito. Todavía no he tenido suficientes pérdidas como para que vivir no valga la pena y para que la muerte sea un descanso. Me gusta mi vida. No me aburro nada ni sufro tanto, aunque a veces me lo cuente de otra manera.

En mi intimidad siento el impulso de la vida, la ebullición de formas que surgen del vacío y de su energía, y que volverán a él. Una energía de constante cambio, en la que la muerte no existe porque no hay nada que muera, sólo transformación energética. Siento que mi disolución ya ha pasado. Ya ha sucedido. Esta imagen está presente en mí desde niña, con gran claridad. Mi muerte está unida a mi nacimiento. No como un destino sino como la pompa de jabón que, tras expandirse, se disemina y vuelve al líquido, al espacio negro salpicado de luz del que surgió. No voy a acordarme de una puta mierda cuando la palme. Tengo miedo. Un miedo sereno. Puedo ver en mí la valoración de la forma, lo terrenal. Puedo ver en mí el sufrimiento de sentirme insignificante. De no ser recibida ni escuchada por el otrx. Siento en mí la lucha y el descanso, partes que abarcan espacio interior en la misma magnitud. Tiendo al descanso como tiendo al infinito.

Ayer tuve la sorpresa de un ataque de pánico. El miedo adopta esta forma en muchas ocasiones. Me visita últimamente Ataque (vamos a ponerle nombre propio y así lo saco de mí. No soy yo. Yo soy otra cosa, aunque Ataque es un viejo amigo que, en el fondo fondo, me quiere bien. Y si no soy yo, ya me diréis quién mierda es. Que sí, en serio. Una hostia de realidad en toda regla. El miedo me hace malhablada, o malescrita. Ataque: un empujón para cambiar una trayectoria desviada). Ataque Pánico (su apellido) vuelve a aparecer en el coche, siempre cuando estoy sola, como la primera vez hace ya 22 años.

Ayer (sea cuando fuere eso) me asusté mucho, lo sentí fuerte y dudé que quedarme pajarito allí, en medio de la nada, a 40 grados de calor, con la gente pasando en sus coches a toda pastilla por al lado, sin inmutarse. Voy justa de confianza y de entrega. No confío en que paren a ayudarme si lo preciso. Conducía por la vía de servicio durante 40 quilómetros. La vía de servicio se me antojó un camino menos ansiógeno y, finalmente, resultó desierto y traicionero. Al final la vía rápida es la mejor solución, si me tiene que dar un parraque que me dé. Ya ha valido la pena.

Hacía mucho que no le daba credibilidad a la sensación de estar a punto de morir que Ataque Pánico me produce. Tiene nombre de hombre. ¿Tendré que revisar esto también? Lo hace bien. Muy creíble todo. Está insistente el muchacho: quiere que lo atienda.

¿Cómo te atiendo? (le hago la pregunta, he aprendido a llevarme medianamente bien con él: es un compi poderoso). ¿Cómo?, insisto. Siempre me responde. Descarga, aire, acabar los estudios (¿de verdad era necesario una segunda carrera? ¿de verdad no acabará esto nunca?), descarga física aeróbica, dejar de viajar un ratito, aposentarme en casa, que casa sea casa, habitar algún espacio. Parar el centrifugado del desconcierto. Ataque Pánico es como un despertador con buzz: si no lo atiendo se repite cada cierto tiempo. Así que tomo nota. No pregunto en vano, tomo nota.

Ataque busca un ancla interna, cultivar paz interior. WTF. También, un ancla externa, una casa de la que no me echen. Y qué le voy a hacer. Eso quiere. Dejar de estar a la espera, con 50 tacos casi, dejar de estar a la espera de cuándo se acaba mi alquiler y de cuánto me suben. Vendí mi piso. Bien estuvo. Me fundí el dinero. Me ayudó. Ahora nuevamente y con esfuerzo —sí, así es para muchxs, con esfuerzo—, adquirir una casa es como reposar en un cuerpo en el que poder envejecer, si se me permite .

Pese al cagazo, como dicen lxs rioplatenses, hay muchos aspectos de mi vida que no son terribles, solo un poco malos o desagradables. Esta sensación de desahucio latente y de soledad lo es. Otros aspectos, como ser la dueña de mi tiempo, hacer bastante lo que me peta, son de una riqueza incomparable. Pues sí, tengo miedo. Pero no solo un poquito, sino un montón. El miedo es una pista para la vida. Gracias a él los animales podemos huir, inmovilizarnos o atacar. Este tipo de animal raruno que es el ser humano, o sea, que soy yo misma (y, si sabes leer, tú también), además del miedo evolutivamente útil, se inventa otro tipo de miedo. Un estilo miedoso, vaya, que poquito tiene que ver con aquel adaptativo ni con la supervivencia real. Este invento humano se asocia más bien con frases catastróficas que nos vamos diciendo recurrentemente para ir minando (vaya usted a saber por qué) nuestro sentimiento básico de confianza en el medio.

Yo soy una charlatana irrefrenable, así que me digo muchas de esas frases feas desde hace muchos años. Todo tiene su origen (mis frases y las tuyas), y su contexto. Sin tirar balones fuera, este es el asunto de este libro, el contexto, unir los puntos del contexto. Pintar de colores alegres la intersección (más adelante hablaré de qué es esa maravilla de la intersección). Acortar distancias, iluminándolas.

Mis frases feas son del tipo "estás sola", "no tienes sostén", "dependes solo de ti" o "si tú no te cuidas no te cuida ni Cristo". Qué chaladura. Bien, pues así destruyo yo mi confianza en el medio, apuntalo mi arrogancia, abono el individualismo imperante y cultivo una fijación malsana de desprotección figurada. Fosilizo una imagen de mí para mí. Mucha seguridad no me procuro.

A veces, cuando la cháchara me aturde, cuando el miedo es ya insostenible, abro un poquito los ojos con intención de zarandear mi neblina. Incluso grito mi nombre en voz alta para hacerme volver. Entonces, veo la casa en la que vivo y los alimentos que como. El pueblo, la luz que enciendo, el agua que corre, gente que me quiere bien. Todo este sistema interconectado que me asiste y me permite despotricar, analizar, denunciar. Y observo la contribución amable de las personas que conozco y de las que no; así como la de la naturaleza con sus ciclos, su reciclaje y su barbecho. La vidamuerte. Veo que alguna cosita aporto yo también, ni más ni menos que nadie: Lo que toca en este engranaje.

En esos momentos de silencio, se me revela el trazo que nos une. Entonces, teniendo el mismo miedo, no me asusta nada.

MANIFIESTO DE EXISTENCIA PUNTILLISTA (1)

1.

La existencia puntillista es solitaria, desamparada y desarraigada. Lxs puntillistxs nos sentimos arrojadxs al mundo, obligadxs a sobrevivir y a tener éxito según cánones que no nos satisfacen, pero que tenemos inculcados. Estamos insatisfechxs, ansiosxs e infelices. Usamos antidepresivos, ansiolíticos, alcohol, drogas, sexo, cualquier sustancia para no sentir la angustia o para que no se nos note.

Reivindicamos la recuperación del tacto, del contacto físico, de la mirada, de la mano posada y del abrazo. Creemos urgente compartir presencia física, y tiempo. Creemos que la norma debe ser la escucha, la expresión del mundo propio y la recepción del ajeno.

Suspendemos el juicio.

2.

La existencia puntillista utiliza el logro, la experiencia y el currículum para buscar la paz y el afecto. Todxs necesitamos estar a gusto y ser queridxs. Ninguno de estos métodos funciona. No están creados para darnos paz, sino para mantenernos ocupadxs liberando dopamina, sintiéndonos insuficientes o mejores, compitiendo.

Suspendemos la competición.

Denunciamos que no existe ningún método para nada. Todos son rápidos y deshumanizados. Existe el sol que nace y que se pone, la gente cercana, las relaciones, los vínculos y el transcurrir del tiempo: con o sin ti.

3.

La existencia puntillista está plagada de charlatanxs. De vendedorxs de humo. Se aprovecha el malestar general para vender píldoras más o menos esotéricas que aplaquen el sufrimiento. Estamos cansadxs de que nos hablen de tonterías. Tampoco buscamos evidencias científicas de nada. Hemos perdido la brújula y el norte. Creemos a cualquier gurú que nos prometa algo de alivio desde su cómodo y acomodado púlpito.

Denunciamos la charlatanería y apostamos por investigar y tomar acción solucionando con realidad los problemas reales. Queremos poner freno a la epidemia de pornografía, consumo de sustancias, adicciones diversas, aislamiento, suicidios, violencia machista, violencia tecnológica o de cualquier tipo. Creemos que si aceptamos nuestra vulnerabilidad colectiva sabremos acompañarnos colectivamente.

4.

La existencia puntillista vive de espaldas a la muerte. Quiere individuos que se sientan omnipotentes y eternxs. Es un modo perverso organizado para perder el poder que nos otorga estar vivxs. El del disfrute y el del goce, el de vivir. Que vamos a morirnos es una certeza. Saberlo y concienciarnos de ello nos ayuda a disfrutar de una buena vida y a no perder el tiempo en naderías, en carreras absurdas hacia la tumba. Vayamos despacio y, si apetece, acompañadxs.

Suspendemos el logro absurdo.

Proponemos visibilizar la muerte en cualquier momento como toque de atención y de ligereza. Queremos acompañar a quien se muere y lo sabe; queremos construir una manera de vivir que no deje asuntos pendientes para jubilaciones, vacaciones o para más adelante. No existen como certeza.

CONTINÚA LA NARRACIÓN DE UNA EXISTENCIA PUNTILLISTA
8.

Lo que me ha costado volver.

¿Qué puñetas ha pasado todo este tiempo?

Fuente: https://abcblogs.abc.es/laboratorio-de-estilo/otros-temas/el-encaje-de-bolillos.html

Hace 4 meses que volví de mi segundo viaje a Patagonia. Hemos estado fuera dos meses, L. y yo. Cargamos y habitamos una pequeña tienda de campaña; rellenamos una mochila aceptable con lo imprescindible y dispusimos de dinero suficiente para recorrer toda Huella Andina, ahora sabemos que lo que queda de ella. Como proyecto de senderismo está abandonado. Faltos de infraestructuras, transitando caminos interrumpidos por el ramaje, saltándonos prohibiciones expresas de paso, íbamos disfrutando de la incomodidad, perdiendo peso corporal y ganándolo anímico. Hemos estado fuera 2 meses, pero sé que he llegado a casa hoy. Hoy estoy aquí. Durante estos 4 meses no he estado tampoco allí. Patagonia quedó en territorio argentino. He estado en el limbo. Un limbo desagradable, desestructurado, incierto, lleno de soledad y sinsentido.

He estado en el vacío que contiene pánico. En el vacío bueno, fértil y esos rollos no, en el otro. Externamente semifingía que seguía con mi vida. Un buen holograma, presentable. Más ansiosa, más irascible que de normal, pero funcional. Qué asco, funcional. Y nada estaba funcionando en mí.

Un standby en toda regla.

¿Qué puñetas ha pasado en todo este tiempo?

Había mucha basura de la que deshacerse.

En 18 meses recorreremos algo del territorio chileno, Patagonia también. Modo salvaje nuevamente. Dos o tres meses fuera. ¿Cuánto tiempo de trasbordo precisaré para reiniciarme?

9.

canto IV, Priamo della Quercia (siglo xv).

Fuente: https://terzopianeta.info/divina-commedia/inferno-canto-iv/

Marzo y abril de ataques de pánico, de incomprensión, de miedo. Más gente muerta. Tanatorios, funerales. Ojos grandes. Ojos pequeños, hinchados, vidriosos.

La semilla, el veneno, el abono y el fruto están en lo relacional.

El dolor de cuello va en aumento. Se evidencia y me tiene ganas. Acabo en urgencias, con tics en la mejilla izquierda, calor y hormigueo debajo del ojo... más miedo. Pastillas: relajantes musculares y tiempo. Esto no va bien. Sueños desconcertantes recurrentes: un extraño habita mi casa, la disfruta y me impide acceder a ella. Sé que es violento. Internamente siento desprotección. En otros sueños invaden mi casa o L. la vulnera, olvida cerrarla con llave. Un día me despierto y mi casa real está abierta. L. olvidó cerrarla con llave. Cualquiera puede entrar. Yo duermo pegada a la puerta de entrada. Ojos grandes.

Como Virgilio y sus compañeros floto en el limbo, sin esperanza y con deseo. No va a llegar. Nada va a llegar. No sé cómo salir de esta situación. Estoy incómoda.

Inicio mayo. Me lanzo al vacío, a la desintegración, a la falta de forma, a la disociación. Entro en el círculo de Movimiento Auténtico, a 1000km de casa. Entro en paraísos veganos algo insípidos. Pago, pero tengo que fregar mis platos. No entiendo el sistema capitalista zen. Decido bajar a tomar una tostada de ibérico y un café al bar de barrio del pueblo de abajo, capitalismo claro, al menos, sin chorradas. Alterno el Movimiento Auténtico, el vacío, con el bar durante 4 días. Yo también soy mestiza. Un mestizaje a conveniencia.

El vacío es frío, atrae. La disociación atrae. Disociada estoy perdida, a la espera en un limbo en el que no entra luz, como Dante. Vuelvo rauda a la forma. Lo más rauda que consigo salir. Me anclo a la forma para explorar el mundo. Me construyo una casa con mis manitas sobre la cabeza. Es un techo en toda regla, una protección de la que no puedan echarme. Una casa es importante para mí. Mi casa soy yo y bla, bla. Sistémica de bolsillo para momentos vulnerables. Hoy nada me convence, nada me calma. Sólo mis manos construyendo un tejado triangular sobre mi cabeza, un palio protector. Cuando abro los ojos, sigo aún tumbada sobre el suelo y dentro del círculo, protegida por el límite. Mis muertxs, esparcidxs entre los testigxs vivxs, me observan. Los miro fijamente: tener una casa es importante para mí.

"Soy de lxs vuestrxs, dadme permiso para que yo sí lo logre".

10.

https://open.spotify.com/episode/7oiX6F0r9A6l9Pdu7GjysF?si=c129acf64516475c

Caminar por mayo y junio. Algunos extractos de mi escritura matinal:

Siento que L. evita profundizar, se asusta. Últimamente me debato entre la palabra y el silencio. Cómo hablar menos y que la palabra sea más certera. Hablar menos para hablar más. Busco la forma adecuada que ensalce el contenido esencial.

Esta soledad es desesperante. Se me están haciendo duros estos últimos años. Pese a ello, mucho ajetreo no me resulta deseable. La compañía que me acompaña de veras es selecta. No hablo de vida social. En ella se activa mi tristeza, soy testigo de un aislamiento compartido.

Me han pasado un buen podcast. Todo el mundo escucha o crea podcasts. En este hablan de caminar, pero no caminan. Hablan bien, no obstante. Recomiendan buenos libros. Reflexionan. Pero no caminan.

11.

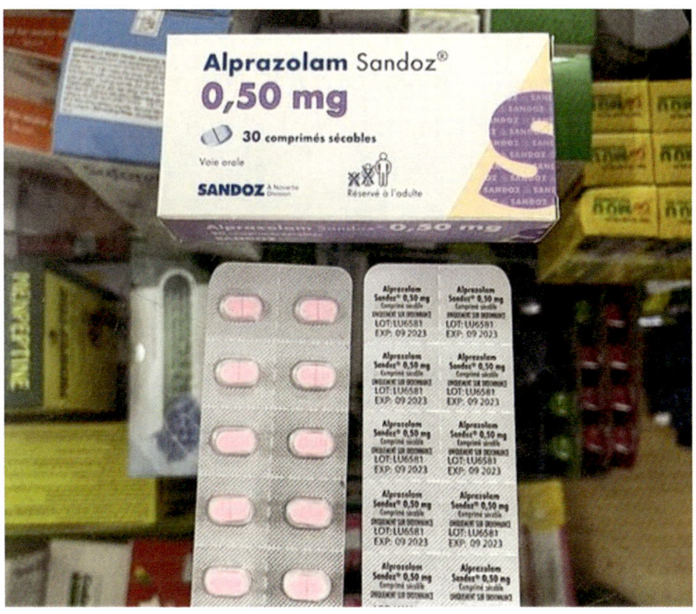

Fuente: https://5.imimg.com/data5/SELLER/Default/2023/4/302010109/IF/PB/WO/187532321/sanb-500x500.jpeg

https://www.vademecum.es/principios-activos-alprazolam-n05ba12

Me despierto y ya querría estar fuera de casa. Me visto con atropello para caminar hasta plaça, donde el pueblo manifiesta su deseo de ser visto.

L. me oye y se escupe de la cama para ver si llega a tiempo y puede calmarme desayunando conmigo, pese a su evidente sueño. Su aletargo me mantendría una hora más en casa: preparar el desayuno, sentarme con él y preguntarnos qué tal hemos dormido. Me angustia. Me urge salir a que me dé el aire. Sentarme fuera de mí y ver a lxs otrxs. Presentar mi carcasa en sociedad para sentir que existo.

Frente al cortado, el mercado del pueblo se va desplegando, se construye con el quehacer de todxs. P. y su marido colocan las verduras sobre tablas viejas y delgadas de madera. B. trae las plantas y las flores. P. arrastra su pequeña mesita y despliega los cupones de la esperanza. El viento me acaricia la cara mientras a mi izquierda se acomoda el anciano que acaba con todos los crucigramas del diario. A mi derecha, las banderas del ayuntamiento encogidas temen desplegarse y tomar bando. La mujer que se tiñe cada 3 semanas atraviesa la plaza. No va a trabajar porque no trabaja. Dicen que tiene la vida solucionada. Mientras, ella, en secreto, sufre de sus cosas.

La duda repiquetea mi móvil mientras escribo esto. L. pregunta si viene o se queda. Aún la indecisión en la acción, un intento baldío por mantener la calma relacional.

Nada está en calma.

Me atiborro a alprazolam si la cosa se pone difícil. A veces pasa.

Mi agitación es interna.

El exterior me complace cuando me siento reconocida, vista, deseada. Son tres imperativos lejanos a la arrogancia. Se corresponden con el deseo de significar.

Una sed de desafío intelectual me mantiene despierta.

(El día de la marmota)

Hoy L. se ha despertado conmigo y se ha quedado remoloneando apenas 10 minutos. Cuando ya tenía mi zumo de naranja hecho y dos tostadas sobre la tostadora se ha acercado jovial, a ver qué desayuno me hacía. Pero yo ya lo había hecho todo. Mi zumo, uno, y le he dejado un pan tostado a punto.

No podía esperar.

Esas tres palabras son el impulso que me empujan. No puedo esperar y no puedo servirte. En este momento, no.

Me bebo mi zumo y me como mi tostada. Estoy acabando cuando él se sienta a disfrutar de su desayuno. Yo ya estoy saliendo.

Que me dé el aire.

Esas 5 palabras también me empujan estos meses. Si me psicoanalizase quizá podría tirar de estos tres hilos: no puedo esperar; no puedo servirte; que me dé el aire.

No accionar estos impulsos es para seres trascendidos. Me queda rato.

12.

Fuente: https://s2.ppllstatics.com/elcorreo/www/multimedia/2024/04/30/orgia-vina-rock.JPG

Tengo que escribir. Escribir como descarga. Sublimar.

D. me trae una emocionalidad a terapia que comprendo y me involucra. Sexualidad. Amplitud. Humanidad. Amor global (buen sexo). Experiencia concretada vez a vez. Y el compromiso con 1 persona, la pareja, que comprenda esa disolución de límite experiencial en otros cuerpos. Esto me suena a alguien que te recoja para no estar solx. Saber que, aunque te folles a quien quieras, encontrarás a alguien al volver a casa. Lo expreso. Lo acepta. Seguimos.

Me siento así, como D. dice: la humanidad —la atractiva— me pone cachonda. Pero mi lealtad sagitariana, muy de púlpito, y el límite autoimpuesto en la pareja me acotan. La pareja es sagrada. Me da asco compartir. Y si te vas a follar a otrx mi deseo de ti desaparece. Desde luego no puede obligarse a nadie a entregar exclusividad, pero se puede pactar un contrato entre adultxs y confiar.

La exclusividad es un regalo voluntario se mire por dónde se mire. Y la confianza una bendición. Es imprescindible liarte con un adultx que dé la cara para poder confiar, abandonar relaciones con princesitas y peterpanes, pederastias encubiertas, en ocasiones tan divertidas.

D. abre en terapia este tema, el encuentro sexual diverso, continuo, experiencial, un tema que me remueve. Voy a tener que supervisar esta sesión. Le escucho y me invaden mis fantasías: me chupan todxs, a la vez. Una fantasía oral, múltiple y recurrente. En la realidad no sé si sabría sostener tanto placer, pero me motiva imaginar. En lo corpóreo, fuera ya de lo mental, preciso de alguien que individualice en su carne el encuentro sexual. Me desorienta la inmensidad humana, demasiada gente, demasiados estímulos. Me pierdo y me complica la existencia.

D. se debate entre la sinceridad y el ocultamiento. ¿No te pierdes? Sí. No hay imaginación, sino experiencia. No firma contratos, y disfruta de encuentros sexuales de calidad con personas diversas. Se salta el límite y eso, como a todxs, le hace sufrir y disfrutar a la vez. Lo trabajamos. La sexualidad que plantea toca en mí temas propios, anhelos. Superviso, escribo, reflexiono. Siento la atracción, el deseo, la fantasía pujando en mí. Cuando las tripas se me encogen, sé que voy a supervisar. Sé que antes de acompañar la próxima sesión tengo que revisarme esta. ¿Qué me está tocando de propio?

Está la alabanza, la complicidad manifiesta y la ternura que me ofrece D. en un acto perenne de seducción, de apertura sin ambages. En un instinto constante de pretender follarse a la terapeuta como quien se folla a su madre. De ganar la partida, de saltarse el límite y arrogarse el poder. Ganar la partida, saltarme el límite y arrogarme el poder me pone a mí también. Pero a la inversa no funciona. Follarse al cliente es un mal negocio y una mala praxis. Una pérdida. La tensión sexual es un clásico terapéutico desde el que podemos trabajar. La madre que no fue conquistada. Todxs tuvimos un papá y una mamá al que con suerte no nos pudimos follar. Y algún terapeuta al que, con suerte, tampoco.

Una vez, un sabio me dijo que para charlar quería a un sabio, pero para follar al jardinero. No me resultó desacertado. Es exactamente así. He estado con jardineros. Saben cómo tratar la tierra. Saben sembrar y follar. He estado con sabios. A veces aburren un poco. Un jardinero sabio o un sabio jardinero tampoco está mal. Y existen. Es el combo perfecto.

D. me presenta el vértigo y la desorientación. Soy yo en un él. Nos reconocemos. Unx lo vive y el otrx, no. Son elecciones que hemos tomado. En mí es una elección consciente. D. dice que él querría elegir otra cosa. Se desestabiliza. Trabajamos en lo cierto o no de ello, y en la posibilidad de trazar otro camino, en caso de elegirlo de verdad.

D. me mueve el placer, la amplitud, el deseo, y me reafirma la elección personal de una pareja (un sabio jardinero) donde poder vivir la sexualidad y la entrega. La entrega. Eso sí da vértigo. El buen sexo tiene todo de eso: de entrega al otrx a través del cuerpo. La pareja como contenedor, como espejo, como compromiso y como camino. Complicidad y sexo. Un cómplice con el que compartir un proyecto de vida. Sexo y vida.

Comprendo a D.

Tengo hambre de lo absoluto en cada uno de los cuerpos deseables salpicados por el planeta.

Me entrego en exclusiva a la aventura en uno de ellxs. El universo se halla entero en un átomo. No da tiempo a más.

13.

Fuente: https://piafmajorque.es/wp-content/uploads/village-porreres-majorque.png

Me despierto. Quiero irme. Quiero un chute de placer y lujo.

Desayuno albaricoques ricos, de Porreres, pan de maíz, pavo cocido exquisito y un té verde a la menta. No se puede desayunar mejor. Grabo tres vídeos para la UOC. Cuido mi aspecto y el del contexto.

Coloco las plantas para que creen un fondo agradable, verde en la sansevieria y rosa fucsia en las orquídeas, como la cenefa de la falda larga de encaje que llevo hoy. Unos aros de oro, intervenidos con un radio que acaba en una perla negra decoran mis orejas. Una cadena simple de plata bañada en oro me rodea el cuello. Es generosa en su amplitud. Ambas joyas son manufacturas de la artesana anglosajona que reside en Porreres. Adoro estos pequeños detalles. El placer y el disfrute de lo exquisito, que a ojos poco observadores pasan desapercibidos. La delicadeza y el placer de lo material. Llámale apego. La significancia de las pequeñas cosas.

L. se despierta. La habitación huele a sueño y a sudor. El ambiente generado por nuestros cuerpos esta noche corta de descanso se mantiene denso. Me gustaría que oliese a sexo. Me excita el olor a sueño, sudor y sexo. Hoy no. He dormido poco. Últimamente no paso de las 6 horas. Alargar la noche no tiene sentido.

Anoche volvió a pasar. Cuando llegó L., siempre demasiado tarde para mí, volví a convertirme en una mujer enfadada y sola que reclama presencia. Me veo en una posición que no me gusta. Siento malestar. Un ajuste de cuentas. La discordia. Contesto a la agresión de su ausencia con la agresión de mi hartazgo. Estamos en espiral.

Salgo hacia el Santuario del pueblo en busca de mi chute. Quiero subir y ver el pla de Mallorca extendido y tranquilo ante mi vista. Tomar un café calentada por el sol; abajo el pueblo que paseo cada mañana es la imagen viva de la belleza. Un lugar excepcional. Quizá quiero sentir todo esto para escribirlo. Queda intenso. Las vistas son muy bellas aquí arriba. Lástima del café.

Busco el denominador común y el sentido en otros días, similares y distintos:

Me despierto a las 7:15. Una hora después que los últimos días. Eso es bueno. Duermo sin despertador. Me cuesta dormir las 7 u 8 horas que a mi cuerpo le sientan bien. Me levanto y hago el desayuno.

Me exprimo 3 naranjas, tuesto una rebanada de pan y la unto con crema de anacardos. Espolvoreo una cucharadita de semillas de cáñamo. Caliento agua y cuando hierve la vierto sobre un sobrecito artesanal de té verde de cerezo japonés. Gozosa sensación de sabores.

Enciendo un velón grande, inserto en un jarrón de vidrio transparente; extiendo una esterilla verde de buena goma sobre la alfombra gris del suelo del recibidor; coloco mi cojín de meditación, con forma de corazón naranja mate, repleto de semillas, y me siento. Inicio una rutina de movimientos de cuello horizontales, diagonales, verticales; rotaciones de hombros en un sentido y en otro que vacían mis pulmones de desechos y los llenan de aire nuevo; extensiones y contracciones vértebra a vértebra, adoptando la forma felina. Acabo mirando 5 minutos la llama de la vela, para limpiar mi mirada, en postura de meditación.

Pasarle el parabrisas a la mirada limpia la realidad de juicios pegajosos. Es como quitar el filtro a las fotos y dejarlas tal cual. Relaja.

Esta rutina diaria es higiénica, me hace bien. Me hago vieja y me anclo a rutinas.

Quizá las rutinas sean el hogar.

Salgo a tomar el aire y el café. Negro y puro.

Formo parte de la plaza.

14.

"Si el afecto no puede ser igual, entonces que sea yo quien más ame."

W.H.Auden

https://music.youtube.com/watch?v=_wzDmQQz2NU&si=u8rOyu2r7cS6w1yr

Como siempre la noche es reveladora. Me despierto en plena madrugada y me doy cuenta de que no sé dónde agarrarme, no siento nada que me sostenga. Empiezo a revisar y no hay nadie ni nada a que agarrarme. Qué bien estar ahora mismo en pareja. No puedo agarrarme a L., pero está.

Haberme bebido tres copas de vino antes de dormir no me ha ayudado a descansar. El pueblo, las terrazas, los bares, el fresquito, la buena charla con L. En la corta noche que el alcohol me ha permitido he acumulado diversos despertares entre sueños desconcertantes. En ninguno consigo comunicarme, ni para pedir ayuda ni para obtener compañía.

L y R. están de joda y me dejan en casa a la madre enferma de R. No consigo llamar con el móvil a L. para que se hagan cargo. Me tengo que comer el marrón. Me despierto en tránsito de desentenderme. Me genera tanta dificultad, que me despierto antes de salir de aquella casa, que era la mía con L., y dejar a aquella mujer enferma, sola y sin comer. No es mi madre y acabo de conocerla. No puedo comunicarme y por eso me angustio. ¿Quizá es que tampoco me corresponde comunicar nada? ¿Será comunicar una manera de ya haberme hecho mía la responsabilidad del cuidado de esta señora enferma que no conozco?

Hay algo potente en esta imagen, que me angustia y me despierta. ¿Qué considero tan vulnerable que no quiero abandonar? ¿Será meter a esta gente introducir la enfermedad en nuestro hogar? ¿Quién está de joda y qué es hacerse cargo? Todxs están de joda. Yo también, solo que preocupada. Lo cual es un incordio.

Asumo mi responsabilidad. He abierto la puerta y ha entrado R. con esa señora enferma. L. y yo lo hemos permitido. No tendría que haber abierto la puerta. Quedar bien no es mi prioridad. ¿Dije en algún lugar que la pareja es sagrada? El hogar donde habita, también.

Sigo con otro sueño desconcertante. Entro en un tren a un lugar desconocido, tipo Asia, pasando por Catar (sic). Tengo 2 billetes (trasbordo) que van entrelazados. En teoría L. viene conmigo, pero nos hemos enfadado haciendo el amor y no aparece en la estación. Está C., mi exmarido y compañero de viaje de otro tiempo. Está cerca de mí, en vagón y en asiento, por casualidad. Está muy cambiado. Fuma y pasa bastante de mí. Sigue siendo agradable, educado y amable. Su presencia me calma un poco. Podría suponerme una seguridad para este viaje incierto. Una vez dentro del tren C. no aparece; L., tampoco.

Viajo sola a un lugar del que no sé absolutamente nada. No sé a dónde voy. Hablo con la azafata del tren. Me dice que si L. ha perdido este tren o ha ido a cogerlo desde otra estación ya no podrá subirse en Catar. Ese trasbordo no admite subida de pasajeros. Estoy sola. No tengo móvil. Nadie me entiende allí donde voy. El tren arranca.

Me despierto angustiada. L. está a mi lado, en nuestra cama. Se despierta. Mira mi espanto, mis ojos enfocados en el techo, pone una mano en mi muslo y calla. No pregunta. Busca claridad fuera para afianzarse dentro. Y yo no soy un oasis de paz. Yo busco lo mismo que él, pero al revés, de dentro a fuera. Él no es un ancla, pero está. Esa mano.

La intersección entre nosotrxs se estrecha, se hace más fina y pequeña. La intersección es ese lugar de encuentro natural entre 2 personas. Aparece sin forzar nada. Un espacio hermoso para la pareja, en el que sus orbitales atómicos se solapan. Es un espacio compartido. Descubrirlo y habitarlo es gozoso para ambos miembros.

De niña me encantaba pintar de un color vistoso el interior de la intersección entre dos esferas, ese espacio que dos galaxias comparten. El resto es territorio desconocido, el universo indescifrable de cada una de ellas. Pero hay un lugar de encuentro en que la unión se produce, el milagro, por estrecha que sea. Ese espacio de confluencia lo pintaba de niña con colores alegres.

Fuente: https://i.ytimg.com/vi/nF7o6tEVaJ8/hqdefault.jpg

Quizá estoy un poco triste por esto, también. Hace tiempo que no pinto nada con colores alegres.

En vez de permanecer en la espera para habitar juntxs la intersección, me estoy hermanando con la soledad y con sus frutos profundos. He dejado de esperar a que L. acabe de trabajar y llegue a casa pasadas las 12. Tengo sueño. Me levanto pronto. Me cuesta dormir. Trabajar de más no es una virtud. No ayuda. A veces es necesario; otras veces es un vicio occidental y una explotación estructural. Mi madre se vanagloriaba de no haber tenido vacaciones en 21 años. Era una medalla. Tanto trabajo siempre nos robó tiempo de estar con ella. O trabajaba o estaba agotada y se lanzaba en el sofá. Ella llegaba a las 10 de la noche, y por la mañana, cuando nos despertábamos, ya no estaba. Había un plato frío tapado sobre la mesa de mármol de la cocina, con la comida. No pasábamos hambre. Comíamos frío y bien. Coincidíamos, a veces todxs, los domingos.

Con L., por las mañanas, he dejado de esperar al desayuno, la charla y el café juntxs. En mí han supuesto renuncias de espacios apetecidos. Busco el encuentro engarzando nuestros días libres. Puedo mover los míos. Es una decisión que tomé cuando dejé el funcionariado: poder decidir qué días trabajo. Que el trabajo me dé dinero y que yo dé un buen servicio, pero que no me robe el cariño de lxs míxs y el tiempo para hacer lo que amo: escribir, caminar, estar ociosa.

L. y yo hemos conseguido coincidir al menos en un día entero entre semana. No me da la vida para contarle todo lo que me pasa el resto de los 6 días en que somos orbitales atómicos flotando en distintas galaxias. No me da. Aunque le pregunto por lo suyo y me interesa, él no cuenta mucho de sus vivencias —internas ni externas—. Seguro que vive, pero se lo reserva. Me siento algo alejada, sin su narración. Yo amo que me escuchen, que me atiendan, habitar conscientemente la intersección. Y construir un relato juntxs. Me gusta el encuentro, las intersecciones anchas y las circunferencias atractivas. ¡Un día es tan poco tiempo!

En otro sueño desconcertante, se nos rompía la nevera. Se iba rompiendo su soporte, su base. Ya no refrescaba, ni congelaba, ni conservaba. Se lo digo a L. La nueva tardará unos días en llegar. Llegará con total seguridad. Me despierto un poco en shock. Siempre he dicho, en contra del decoro y sin ningún ánimo de ofender, que para mí tener una pareja es tan natural como tener una nevera.

Todo el mundo, en esta parte del mundo en la que habito, tiene una nevera. Lo natural en mí, desde los 15 años, es estar en pareja. Así ha sido, salvo algunos intervalos, locos, divertidos, fiesteros y caóticos. Etapas para no alargar. Esta identificación pareja-nevera no es políticamente correcta. Pero mi intención no es deshumanizar a nadie. En mi descargo diré que algo de todo esto se está transformando en mí. Ahora mismo me daría mucha pereza comprar nevera nueva. Preferiría pasar un tiempo largo refrescándome de otro modo. Lo mejor es elegir de primeras una buena marca para que no defraude. Y cuidarla mucho, como oro en paño, para que no se rompa por maltrato.

No se me escapa que una nevera es un objeto. Me resulta bastante imprescindible, por otra parte. Ayuda a la conservación de los alimentos, cuida y preserva la nutrición. Te refresca y suele ser bella y luminosa, colorida, cuando la abres, dependiendo de cómo la cuides. Sin una nevera los nutrientes propios se malogran más rápido, su duración es un poco más incierta. Una nevera alarga la vida.

Para un hombre resultar imprescindible, nutritivo, fresco, cuidadoso, durar y alargar la vida son buenos atributos. Como mujer me gustaría refrescar y resultar imprescindible. La circunferencia es completa en sí misma. Lo imprescindible es vivir el espacio de la intersección. El encuentro.

Un objeto se tiene, se posee. Quedo fatal... Pese a ser irrepetible, no soy perfecta. No es orgullo, es contexto.

15.

Fuente: https://cdn.vectorstock.com/i/500p/19/98/human-footprints-running-in-a-circle-vector-35801998.jpg

Como conozco, no vuelvo.
Si puedo elegir, no vuelvo.

Quizá madurar sea salir del bucle.

Le he dicho a L. que no quiero bajar de estatus. Voluntariamente solo voy para adelante.

¿Es una cuestión de imagen? La pregunta incluye algún enfado.

Sí. De imagen externa e interna.

La respuesta es transparente, visible y diáfana como los tics nerviosos.

Me siento degradada. Bajada de grado. Me ha costado un tiempito saber qué era esta sensación tan fea. Como quien huye de un lugar conocido y antiguo, la decadencia la repelo. Me cuento la historia de mantenerme en el nivel que me corresponde. Eso incluye nivel de vida, de cultura, de pareja, de economía, de relaciones, etc. No se me caen los anillos si la Vida me coloca en otro lugar; antes de que se me caigan, los vendo. No obstante, no es mi voluntad hacerme la pobre ni la decadente sin necesidad. Me distancio de lo que conozco. Tuve vocación de hámster ejercitándose en su rueda de colores, pero ya pasó.

Como atuendos reversibles antiguos, cercanos o propios, conozco la adicción, la psicosis; conozco las deudas económicas, el juego, las timbas clandestinas, el calabozo y la cárcel, la evitación de los acreedores, el silencio ante la llamada de diversos timbres, la infidelidad paseada como una burla en la cara, el desahucio, la privación salvaje en el súper y la no escolarización. Todo eso, o sus alternativas gemelas, el lujo y el despilfarro.

Como conozco, no vuelvo. Marcho en dirección opuesta.

Me gusta el poder, me es natural. No soporto la insignificancia. Y, a la vez, la acepto con la naturalidad de saberme un humanx más. Ya me diluirá la muerte. No escaparé. Ahora quiero jugar. En su día creí que si me iba mal era mejor persona; que, si me iba bien, abandonaba a lxs míxs. Equivoqué la compasión con el sacrificio judeocristiano: tanto me gusta el poder.

Ahora quiero brillar como una estrella fugaz.

No quiero morir antes de disfrutar de mi cuerpo, de mi casa, de mi excelencia. Quiero brillo exterior y reconocimiento, y según qué relaciones no me convienen, me enturbian, me distraen. Mi compasión es la distancia.

Quiero relaciones formales y respetuosas, de nivel cultural, económico y social. En las que el fondo y la forma se correspondan. No pido nada que no ofrezca. Las relaciones sin forma son solo intensas, nunca divertidas. Como los brotes y como todo lo disociado. Parece que vives, pero no. Ante lo que venga, me arremango y echo un cable. Practico la profilaxis para ser de ayuda. Y tiro para adelante, como hace conmigo el calendario.

Me he resignado a madurar tanto como a envejecer.

Quizá madurar sea salir del bucle.

Siguiendo con el estatus (que es una forma de estado civil): una casa en propiedad y un hombre que me pida formalmente matrimonio, que tome iniciativa en ambos proyectos. Parejos en ilusión y en arremangue.

Ya tuve casa en propiedad; ya tuve marido.

¿Qué pasó? La Vida.

¿Qué pasa ahora? La Vida.

La vida sin más.
A vivir siempre vuelvo; muerte, me sobra una.

Me contaron que, en un examen universitario final de filosofía, para estupefacción de lxs preparadísimxs estudiantes, la única pregunta planteada sobre el papel fue: ¿Por qué?

Toneladas de palabras y teorías fueron escritas y entregadas para su revisión, a la espera de nota.

Hubo una única Matrícula de Honor. La persona en cuestión había sido la más rápida en entregar su examen y salir del aula.

Su respuesta: ¿Por qué no?

MANIFIESTO DE EXISTENCIA PUNTILLISTA (2)

5.

En la existencia puntillista muchxs sentimos que no tenemos hogar. Que los lugares a los que escapamos son espacios sin agobios, responsabilidades ni preocupaciones donde sentirnos más a gusto que en casa. Necesitamos vacaciones de nuestra propia vida. Si podemos pagárnoslas, fantaseamos y gastamos de más, cargamos pilas para resistir entre vacación y vacación, escape y escape. Es un ocio consumista permitido, inducido. Si eres joven no te puedes independizar, si eres viejx no puedes pagar residencia ni asistencia. Tus hijxs no pueden atenderte. Si eres de mediana edad a veces puedes escapar de tanto en tanto. La desprotección y la amenaza son evidentes.

Reivindicamos vidas de las que no haya que huir y descansar. Proponemos un cambio de relato donde los seres humanos no sean tratados como fardos pesados. Revisemos profunda, social y comunitariamente, qué es lo necesario para vivir. Recuperemos la cueva ancestral donde protegerse de la noche, de las alimañas y de los depredadores. Podamos dentro.

6.

La existencia puntillista va acelerada. Es una carrera hacia la tumba. Aprovechamos el día para tener tiempo para aprovechar el día siguiente para tener tiempo para volver... y así jubilarse y morirse de viejx con suerte. Hay prisa para comer, para saludar, para pasear, para quedar con la gente. Somos esclavxs del tiempo hasta que ya no queda más. La solución no es un estilo *slow* de privilegiadxs, sino volver a vivir acordes con los ritmos naturales, con el sol, con la luna, con nuestro ritmo caminante, con las estaciones, con la climatología. Debemos organizarnos socialmente, pero eso no incluye entender el tiempo como monedas que ahorrar, intercambiarlas por trabajo y prisa. Proponemos una vida en la que pararse a charlar con alguien que encuentras sea posible sin "llegar tarde" a ningún lugar. Buscamos naturalizar la existencia.

7.

En la existencia puntillista quedamos para follar. Nos apuntamos a aplicaciones para follar. Algunxs queremos encontrar contacto humano en ellas, pero confundimos el mercado y la compraventa con lo relacional. Estamos ante el capitalismo vincular. Además de sobreexplotarnos, también nos prostituimos. Tenemos terror de compartir vulnerabilidad y ternura. No queremos ser malrollistas.

Los encuentros se producen en los cuerpos y los cuerpos son sagrados. Todo sucede en el cuerpo. Abogamos por la responsabilidad emocional individual y colectiva que visibilice el sexo, con amor o sin él, entre adultxs solo de mutuo acuerdo. Suspendemos el capitalismo corporal. Suspendemos la falsedad en el encuentro. Buscamos la posibilidad de gozar sexualmente entre seres humanos y humanizados; abandonar el comercio, la autoexplotación, el exhibicionismo y el consumo de objetos sexuales. Abrimos espacio para el coraje y la ternura.

8.

En la existencia puntillista tener es ser, poseer es poder. Ya nadie sabe qué significa ser, respirar, estar aquí, en presencia, compartir. Cómo se "es" de otra manera. Tenemos ropa, alimentos, muebles, casa, coches, pareja, familia, amigxs, relaciones, tiempo. Tenemos o no tenemos, esa es la cuestión. Ese es nuestro valor y nuestra carta de presentación. Somos insatisfechxs permanentes. La existencia puntillista está organizada para vivir dormidxs, con sonajeros de lujo, hasta el sueño eterno.

Reivindicamos la dignidad humana de la existencia: ser y estar. Suspendemos la obligación de poseer para ser visibles. Creemos que ser ciudadanx y contribuyente debe significar otra cosa. El dinero es una energía poderosa, es moneda de cambio que nos sirve, está a nuestro servicio y no a la inversa.

SIGUE LA NARRACIÓN DE UNA BIOGRAFÍA PUNTILLISTA
16.

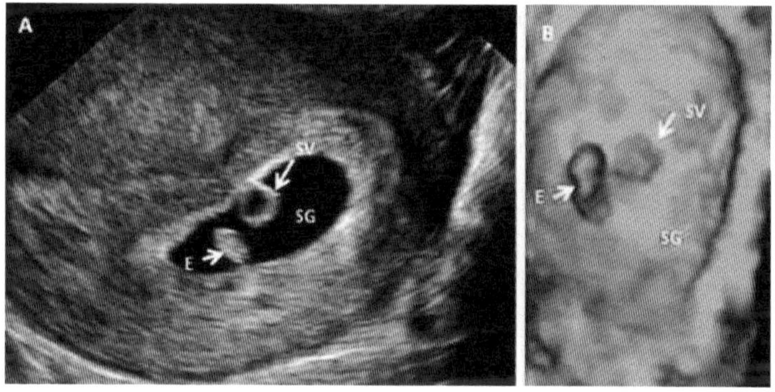

Fuente: https://lasalud.es/wp-content/uploads/2014/12/eco-grafi%C3%ADa-embri%C3%B3n-7-semanas.jpg

A lo largo de 20 años, de los 20 a los 40, cada vez que me preguntaron si quería ser madre, contesté que no lo sabía. Al no haber experimentado ambas opciones: ser madre o no serlo, no me sentía con capacidad de decisión. No conocía el producto. No podía embarcarme en la maternidad a la ligera. Era una decisión que debía ser el fruto de una reflexión meditada. Todo eso me contaba yo.

Así cumplí los 41.

Si la "Naturaleza" quería aún tenía tiempo. Tal cual.

En un retiro larguísimo, con equipo terapéutico ampliamente acreditado y esas cosas, descubrí que no me animaba a ser madre porque no quería encargarme de nadie más. En mi rol de salvadora megaimportante, en cierto modo ser madre me conectaba con carga adicional. No se trató jamás de un bebé a quien amar, la oxitocina, la vida, la trascendencia y esas cosas. Mi sensación era tan solo de una obligación más, una angustia. Ese trabajo terapéutico me ayudó a borrar la prisión imaginaria de la maternidad que me había construido. Pude salir al aire libre, la vida era mucho más ligera.

Entre tanto, he concebido 4 veces.

La primera vez no me sentí capaz (la palabra es exacta) de traer a Dídac al mundo y fui a que lo separaran de mí, mientras yo me separaba de su padre. Nos divorciamos. Fue desgarrador para ambxs. No se habla de lo que impactan los abortos elegidos (absténganse charlatanxs retrógradxs). El impacto se siente antes, durante y después. No me culpo y no me absuelvo: los juicios están de más.

En las otras 3 ocasiones tuve 3 abortos naturales. A Ariadna no llegué a escucharle el corazón. Empecé a sangrar. En urgencias un "No hay latido" resumió la realidad. Debe ser una frase estándar que dicen lxs ginecólogxs para que la noticia de que tu bebé se te ha muerto dentro parezca menos dura. Con Almudena, volví a escuchar idéntica frase. También en urgencias, tras un sangrado extrovertido y abundante. Hacía poco que había escuchado el corazón de Almudena, era rapidísimo. Una nena con fuerza. No puedo describir lo desorientada y triste que me sentí. Al último embrión no quise ya ponerle nombre, sólo "garbancito", tan poca esperanza me rondaba. "Garbancito" se apagó silencioso. Supe que ya no estaba cuando ya no estaba. Sólo acudí a visita médica para comprobarlo y poder solicitar que me ayudasen con la expulsión. No podía sola.

En todo este tiempo que relato, jamás se me ocurrió que para tener hijxs necesitase cantidades ingentes de dinero. Es cierto que no me va mal, pero el dinero nunca se ha acumulado a mi alrededor. Poder subvencionar en un futuro lejano unos cómodos estudios universitarios (..."que lxs pobres chicxs descansen en verano, que se centren en su carreras, que no se preocupen por el dinero", etc.) y dejarles de herencia una casa a cada unx de ellxs no me parecen impedimentos decisivos para gestar. Pese a todo, se entiende la preocupación: el tema del acceso a la vivienda en Mallorca no es poca cosa. No seré yo la que denoste poseer estudios terciarios y hacienda. De titulitis, también padezco. No obstante, los papás y las mamás hacen lo que pueden. No se les puede pedir más. Y lxs nenxs a cierta edad ya pueden ir buscándose la vida.

Esas autoexigencias escucho normalizadas, convertidas en requisito, en esta zona del mundo. No son preocupaciones individuales, sino puro contexto, pura pandemia. Carrera universitaria y casa propia. Eso es lo óptimo y la obligación paterna/materna. El diploma del "buen progenitor/a". Nadie habla de pasar tiempo con ellxs, jugar, divertirse, acompañarlxs. No parece esencial, ni siquiera importante.

En la vieja Europa, analizar las causas de la bajísima natalidad es pura descripción sociológica, económica. Un análisis social interesante de realizar. Es una radiografía apasionante de las exigencias y las trampas de la época. Tengo interés en entender y explicar el contexto, partiendo de mi misma vivencia —estoy en el meollo—, y extendiéndola a todo lo que conozco de cerca.

No es ninguna rareza que adultxs de 60 años, con cuerpos y energía de 60 años, tras 35 años de trabajo, digan no poder jubilarse, porque sus pimpollos de 25 todavía estudian fuera de la isla y necesitan que les envíen muchos euros mensuales. Uno de los dos sueldos, si es que hay dos en casa. En este asunto pueden pasar dos cosas: dificultad de retirarse del mercado y/o falta de confianza en la criaturita (sobreprotección la llaman a veces). Queda mejor "amor incondicional de madre/padre" (sic y chitón).

Con el tiempo, dirimo que cada unx se carga con lo que quiere. La imaginación es libre e infinita. Los tiempos ayudan más a asumir unas cargas que otras. Son modas. Dime con qué te cargas y te diré de qué padeces. Para unxs, cada hijx significa una carga económica que lxs aplasta; para mí, significó en su día una carga emocional, una responsabilidad que me venía grande. Creía que estaba obligada a estar disponible siempre. Padezco de importantitis; otrxs sufren de patrimonitis.

Me pregunto si revisar nuestros relatos no nos haría bien a todxs.

Soñé durante muchos años que tenía un bebé, que me olvidaba de él. Salía a tomar algo, de marcha o al cine con su padre (el padre iba variando y nunca tomó el aspecto de ninguna de mis parejas estables). Cuando regresábamos a casa, bastantes horas después, el bebé estaba muerto. Falta de nutrición y de atención. De cárcel. Todos mis bebés, soñados o gestados, murieron. Me despertaba de esa pesadilla de abandono angustiada, triste y culpable. Ha sido un sueño recurrente hasta que la naturaleza dejó de permitirme concebir.

Estas cuitas que describo no son todas. En edad de concebir, a otras personas de esta parte del mundo les preocupa "dejar de vivir" si tienen descendencia. Aquí "vivir" significa poder viajar, gastar dinero en ocio y compras, salir, no ir ajustadx en la economía diaria, etc. "Vivir" no significa lo mismo en todos los lugares del planeta, por eso lo aclaro.

Pasados unos años, después de haber aplazado el momento, como si de una transacción bancaria se tratase, la gente decide dejar de "vivir" y se anima a procrear. Para conseguir un bebé, se usan diversos métodos, muchos modernos y otros no tanto. Soy una defensora de la ciencia y de sus múltiples posibilidades de uso. Que nadie pueda pensar lo contrario. No tengo intención ni derecho de crítica: en este islote 16 me dedico a analizar cómo se aborda la maternidad/paternidad en una existencia puntillista. Cada cual se apaña más tarde con sus elecciones y el resultado.

Como digo, los métodos para dejar de vivir son variados. Algunas personas, cuando llega el momento inexorable de consumirlos, descongelan óvulos, extraídos y preparados en su día como quien deja arreglado su *batch cooking*, y los utiliza cuando el tiempo apremia; otras parejas (o mujeres individuales) gestan con ayuda, de manera asistida, como en el básquet. En baloncesto te preparan la pelota, te dan el pase, para que puedas encestar. En este caso, alguien —un tratamiento médico llevado a cabo por profesionales— estimula tus óvulos, los recoge, los fertiliza e introduce los miniembriones (uno o más) en el útero de la mujer. Se pueden elegir algunas características físicas de tu futuro retoño (si necesitas un donante anónimo). Si hay suerte estos embriones se convertirán en personitas nacientes en unos meses; otra opción antiquísima es controlar el calendario, elegir los días exactos para mantener relaciones y dejar tras la inseminación las piernas en alto para que nada escape.

Este mundo contemporáneo está lleno de opciones.

17.

Diario de Mallorca

Redacción Digital

Palma 23 MAY 2024 15:50 Actualizada 23 MAY 2024 20:49

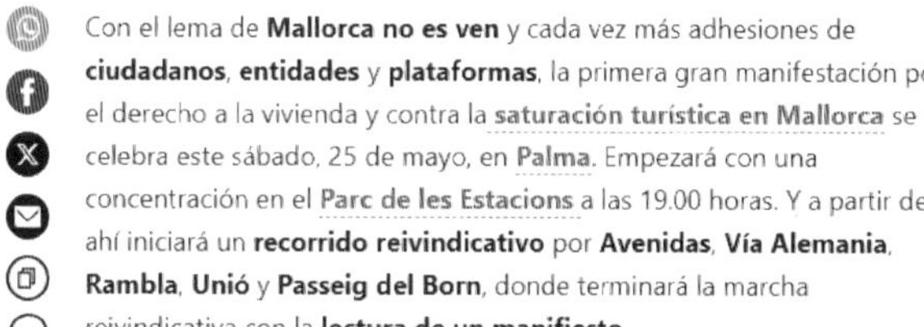

Con el lema de **Mallorca no es ven** y cada vez más adhesiones de **ciudadanos**, **entidades** y **plataformas**, la primera gran manifestación por el derecho a la vivienda y contra la **saturación turística en Mallorca** se celebra este sábado, 25 de mayo, en **Palma**. Empezará con una concentración en el **Parc de les Estacions** a las 19.00 horas. Y a partir de ahí iniciará un **recorrido reivindicativo** por **Avenidas**, **Vía Alemania**, **Rambla**, **Unió** y **Passeig del Born**, donde terminará la marcha reivindicativa con la **lectura de un manifiesto**.

2

La **manifestación** responde a la convocatoria de la entidad **Banc de Temps de Sencelles**, que **prendió la mecha de la movilización** con un vídeo en el que denunciaba la **extrema dificultad de los residentes para acceder a una vivienda** y ya ha superado las **55.000 reproducciones**. "La manifestación, como e vídeo, tiene la pretensión de poner de relieve la problemática del acceso a la vivienda en Mallorca, un problema general, pero no aislado, porque no se puede desligar de la **saturación turística**,

Fuente: https://www.diariodemallorca.es/mallorca/2024/05/23/consulta-recorrido-primera-gran-manifestacion-contra-saturacion-turistica-mallorca-102784143.html

NS ENGEGUEN! Banc del Temps de Secelles.

Fuente: https://youtu.be/SpgYPa2sYzI

Tocar el tema del acceso a la vivienda resulta imprescindible en este recorrido por una existencia puntillista y disgregada. La Constitución Española habla también con bellas palabras del derecho a una vivienda digna (artículo 47). Parece que alguien, por ley, debiera encargarse de evitar las especulaciones inmobiliarias. Estamos esperando a Godot.

El hecho, la realidad esta que analizo y visibilizo, por si sirviera para comprender e iniciar algo, es que a mí me resulta difícil acceder a una vivienda en 2024. No soy un caso aislado. Adquirir ahora una vivienda en propiedad en Mallorca, es imposible. "Faig tard", como se dice aquí (llego tarde). En alquiler, gracias a la amistad y al buen sentir social del propietario, tengo 5 nuevos años de tregua. Si quiero comprar, los voy a utilizar para ahorrar lo indecible; si quiero alquilar, para rezar porque el juicio de mi amigo no se nuble y contagie; si decido abandonar mi tierra, como tantxs ya, para organizar cómo mudarme a otra provincia que sea más benevolente con sus techos.

Haciendo examen de conciencia, desde que nací hasta hoy he habitado en 21 casas (probablemente me deje alguna en el cómputo). La historia personal extendida de esta movilidad no viene al caso. Tiene más que ver con traslados familiares, estudios, parejas y profesión que con la vivienda en sí. Sí corresponde a este análisis mencionar que tuve piso propio, lo vendí a un precio razonable (sin especular ni nada) y alquilé hace justo 5 años una casa por 600 euros en un pueblo, en aquel entonces nada turístico, del interior de

Mallorca. Me dije que me quedaría 5 años en esa casa. Quería estabilizarme de una vez. No moverme más. Y he cumplido.

Ahora se inician 5 años más. No obstante, hoy Porreres, que así se llama el pueblo, conoce ya el turismo de segunda residencia, el vacacional y el del jubiladx pudiente con ganas de Mediterráneo. Muchas casas del pueblo han sido compradas por (o vendidas a, que el mismo fenómeno es) personas originarias de países con mucho más poder adquisitivo que el del habitante mallorquín medio. A precios adecuados para ellxs.

Por ilustrar un poco, el salario medio en Mallorca oscila entre los 1200 y 2000 euros mensuales, según la fuente estadística consultada. Lo que es cierto es que es vox populi, tema de debate y origen de concentraciones ciudadanas masivas actuales e insospechadas en esta isla tranquila, que quien necesita acceder actualmente a una vivienda (comprar o alquilar), lo tiene difícil. No se encuentra nada por menos de 1200 euros de alquiler o algo más de hipoteca (con entrada obscena para "gastos"). Casi nadie puede pagarse nada individualmente: o se comparte vivienda (lo cual a cierta edad ya no apetece nada); o se posee patrimonio heredado (cómun entre lxs autóctonxs más autóctonxs, que cada vez son menos); o ya se compró una vivienda cuando venían mejor dadas (la última vez que el mercado fue accesible fue hacia el 2015).

No volverán las oscuras golondrinas a Mallorca. Anidar aquí es muy difícil. Tenemos responsabilidad individual y colectiva; malestar, también.

Lo que escapa a la responsabilidad individual, erigiéndose en malestar colectivo —y motivo de intervención ciudadana y administrativa urgente— es que el mismo tipo de vivienda cueste en Mallorca tres veces más que en otras provincias peninsulares como Córdoba, Alicante o Palencia (de 400.000 euros a 150.000, por ejemplo). Sin teorías conspiranoicas, esto es un resort paradisíaco para algunxs —al estilo Cancún en sus tiempos—, playa privada y población esclavizada sirviendo. Albañiles y camarerxs no son mallorquinxs, pero tampoco noruegxs, alemanxs, francesxs o norteamericanxs. Algunos países sirven a otros. Algunas provincias a otras. Quien se puede quedar en Mallorca, se queda porque todavía es un paraíso (cada vez menos) y, además, porque tiene casa propia, buen trabajo, dinero suficiente para pagar los precios duplicados, o patrimonio heredado que gestionar. Quien se queda y no posee nada de esto, se encarga de servir a lxs que sí lo tienen.

Esto de la vivienda no me pasa a mí sola, ni tampoco sucede sólo en Mallorca. Profundicemos en el toque sociológico. La mayoría, si no toda, la ciudadanía adulta española se ha planteado alguna vez si se compra una vivienda o no. Es una pregunta similar a la de si se desea tener una familia, creándola, o si unx se mantiene solx (o en pareja). Desde que, en la apertura de la dictadura franquista de los años sesenta, se crearon miles de viviendas para lxs trabajadorxs y se les hizo creer que poseer una era similar a tener éxito en la vida, la creencia de la propiedad privada como logro individual está extendida en la ciudadanía española. No poseer una casa es sinónimo de incapacidad personal y se vive como exclusión de "lxs exitosxs". Es decir, existe un grupo que tiene éxito en la vida y, otro, que no. En vulgar: si no tienes casa eres un pringao. En términos de la teoría de la identidad social, desarrollada por Tajfel en 1984, existe un endogrupo (que es el guay) y un exogrupo (que es ajeno, lxs pringadxs). Esta polaridad implica ayuda mutua entre los miembros que pertenecen al mismo grupo. E ignorar al grupo contrario.Así, todo depende de la polaridad en la que unx se encuentre por voluntad o por obligatoriedad, y de qué valores emocionales y valorativos se atribuyan a dicha polaridad (recuérdese aquí el punto 2 de este libro, el termómetro, el mercurio, la toxicidad...). La ciudadanía que no puede acceder a una vivienda o que la pierde en un desahucio (ya, gracias a la acción colectiva, menos en boga) se considera perteneciente al bando de lxs fracasadxs. Un endogrupo poco atractivo.

Dice María Reneses (2023) que los traumas se superan colectivamente, y menciona la trampa estructural de la autosuficiencia. No es asunto distinto al puntillismo y al divisionismo que vengo analizando en carne propia —sé de lo que hablo porque lo vivo—, pero que también voy generalizando a toda nuestra sociedad divisionista. Es nuestro mal. "Malestamos", sintetizan Padilla y Carmona en su libro de 2022. María Reneses es clara es su análisis de cómo se produce la fragmentación del grupo y se aísla a los individuos, robándoles fuerza: esta sociedad le cuelga el sambenito de fracasadx a quien se atreve a expresar que no tiene casa, dinero o que no es productivx.

El termómetro sólo tiene dos polaridades: o mueres de ansiedad produciendo (y los ansiolíticos son el pan tuyo de cada día) o mueres de depresión por no dar la talla. Quiero añadir la estrategia evasiva (otra forma de huida, análoga pero no idéntica a la ansiosa). Para evadirte, se usa hacerte adictx a algo que te ayude a aguantar la presión. Hay mil opciones de fácil acceso, incluso institucionalizadas: redes, juego, alcohol, café, fármacos, drogas ilegales, porno, marihuana–oxitocina y aquí paz y después gloria..

Se dice que las minorías activas, el activismo, la gente que se reúne para quejarse y denunciar, para visibilizar, tienen la capacidad de invertir los polos y de cambiar creencias. De hecho, es lo primero que se prohíbe en los regímenes dictatoriales, las reuniones. En la existencia puntillista, en vez de prohibir abiertamente la unión, se consigue encubiertamente la disgregación promoviendo el individualismo. Se busca el mismo efecto. Cada unx en su casa y Dios en la de todxs. Y Dios es la macroestructura inoculada en cada unx de nosotrxs.

Si invertimos los polos y cambiamos creencias mediante la acción social, lxs pringadxs, el exogrupo ya no serán lxs que difícilmente puedan acceder a una vivienda, sino lxs que permitan y promuevan esta situación inmobiliaria. Si invertimos los polos, son lxs pringadxs quienes se unen y se quejan, denuncian y se convierten en "activistas por la justicia social". De "pringadxs" e indeseables, pasan a ser "luchadorxs", defensorxs del artículo 47 de la Constitución, del derecho a una vivienda digna. Gente con principios y capacidad de respuesta. Mire usted si cambia el título del cuento. No obstante, pienso que invertir los polos no es el destino final deseado. Es una acción necesaria previa que modifica emociones, sentir social, autoestimas dañadas; una acción que rompe el aislamiento y empodera a la sociedad como fuerza de cambio. Invertir los polos es necesario, pero cambiar creencias lo es mucho más. Que haya dos polos (endogrupo y exogrupo) sigue siendo divisionista. Da igual en qué polo estés. No funciona. Es dar la vuelta al mismo calcetín: el agujero sigue ahí.

Todxs somos mamíferxs tirillas. El camino pasa por expresar lo que le pasa a unx y buscar cómplices. Encontrar el punto de encuentro existente. Vivir siguiendo el ciclo natural. "Nada de lo humano me es ajeno", decía Terencio en el 167 a.C. Compartir la fragilidad (no, no es debilidad, es pura naturaleza humana), cuidarse colectivamente (empezando por el/la de al lado), acompañarse en lo que es mejor para todxs y no permitir lo que es peor para alguien. Moralmente peor, éticamente peor, indigno de la especie humana.

Y, lo mejor para todxs, es que el acceso a una vivienda digna en cualquier lugar del territorio compartido (llámesele nación o estado, si aceptamos el mapa político actual), sea un derecho real y no sólo bellas palabras en una Constitución obsoleta.

Queremos un techo que cierre y caliente, ¿será mucho pedir?

ENLACES DE INTERÉS PARA EL PUNTO 17

Constitución Española.

https://www.boe.es/buscar/act.php?id=BOE-A-1978-31229

https://www.eldiario.es/illes-balears/cat/els-veins-d-aquest-petit-poble-rebel-len-els-preus-l-habitatge-nomes-pots-comprar-cases-il-legals_1_11358720.html

https://youtu.be/SpgYPa2sYzI

https://www.diariodemallorca.es/mallorca/2024/05/23/consulta-recorrido-primera-gran-manifestacion-contra-saturacion-turistica-mallorca-102784143.html

https://www.researchgate.net/publication/369729544_No_estas_sola_La_accion_colectiva_frente_a_los_malestares_contemporaneos_En_Hernando_2023_Trauma_Herencia_palabra_y_accion_colectiva_Trafiacantes_de_suenos_Madrid

- Padilla, J. [Javier]., Carmona, M. [Marta]. (2022). Malestamos: Cuando estar mal es un problema colectivo (Kindle edition). Capitán Swing Libros.

- Reneses, M.[María]. (2023), “No estás sola” en *Trauma,* Madrid, Traficantes de Sueños.

18.

EL PAÍS Babelia

EN PORTADA >

El trabajo mata, muerte al trabajo

El pensamiento del postrabajo aboga no solo por mejorar la calidad del empleo, sino incluso por abolirlo. Diferentes ensayos exploran las distintas posibilidades ante una realidad de precariedad, peligros y afecciones mentales ya descrita por las novelas

Fuente: https://elpais.com/babelia/2024-08-17/el-trabajo-mata-muerte-al-trabajo.html#?rel=lom

Qué placer. Por fin un poco de sensatez. Estaba en proceso de ultimar este punto 18, acerca de las condiciones laborales inhumanas evidentes y silenciadas cuando aparece en prensa esta maravilla de reportaje. Rehago la escritura para incluirlo. Me apasiona que el pensamiento se mueva. Que se ponga sobre la agenda la reducción de la jornada laboral; que se exprese abiertamente que existen muchos “trabajos de mierda” (como hizo Graeber en su ensayo de 2018) o que el trabajo, así como está montado aquí, mata.

Así y aquí tienen contexto. El que vengo analizando. La macroestructura entendida a lo Foucault. La naturalización de las relaciones de poder institucionalizadas. Como si las condiciones laborales fuesen fenómenos naturales, en vez de pura convención social. Natural como el agua, como la lluvia, como el sol, como la luna. Desvelar que nada de todo esto es natural es abrir los ojos a la posibilidad de cambiarlo. A la tormenta te resignas, pero a un mal trabajo no hay porqué. Así y aquí poseen la maravillosa posibilidad de que unx lo rellena con la materia que quiere. Son reversibles. Así cómo. Aquí dónde. Movibles, cambiables. Qué oportunidad.

No siempre fue así aquí.

Hace un par de años que huele a hartazgo y a cambio. Se esconde el malestar laboral bajo el agradecimiento forzado de tener trabajo/pasta, pero apesta. Le menciono a L. que saldremos pronto a la calle por las condiciones laborales abusivas. Las cosas "no son así", ni "esto es lo que hay", sino que algunxs quieren mantenerlas así y quieren que sean lo que haya. Que no es lo mismo. Pero otrxs, no.

Yo no soy mucho de manifestaciones, pero a algunas hay que ir. Otras incluso hay que organizarlas, promoverlas y asistir. Lo que no se ve, de lo que no se habla ni se publica, no sucede, aunque suceda. Hay que denunciar. No aceptar lo que nos parece abusivo es un deber. Junto con disfrutar de la vida, denunciar, no aceptar y promover es un deber. La desobediencia civil, de Thoreau.

En este momento, agosto de 2024, hay que salir a la calle a reconquistar el derecho a la vivienda y las condiciones laborales dignas. Podemos salir por muchos asuntos más, pero estos dos que menciono llevan acumulándose bajo la alfombra colectiva, como una basura que se tapa. Huele a cutrez existencial. Vivir bien no me avergüenza; simular que las condiciones son buenas para que todxs vivamos bien, sí.

Por desgracia y por conveniencia, algunas personas aún se asombran (el síndrome "voy a escandalizarme un poco") cuando se evidencia que se obliga a muchxs asalariadxs a realizar horas extras (un cuarto o media jornada laboral más); que se explota a inmigrantes sin papeles pagándoles una miseria a cambio del sueño de la nacionalidad (parece que hay que ganársela 14 horas al día); o que se firma y se da de alta un tipo de contrato, y se ejecuta otro.

Por todo ello, me alegra que se ponga encima de la mesa de los cafés, donde se leen los diarios, que el mal trabajo destroza la salud mental; que debemos repensar socialmente el sentido de los trabajos de mierda, así como reaprender el placer de no hacer nada, en vez de utilizar el tiempo de ocio en consumir o producir. En definitiva, una apuesta por reventar la jaula.

Añado ahora un apunte biográfico acerca de condiciones laborales vividas, opciones vitales registradas y caminos tomados. Sáltatelo si no te interesa la práctica y avanza un poco hacia abajo, donde sigo con teoría. Ya sabes que en este tratado puntillista combino ambas. Se trata de vernos las vísceras.

De jovencita, inmigrante en Alemania, me chupé 11 meses a 60 horas semanales en una franquicia de supermercado.

No podía abandonar el puesto de trabajo, un mostrador de panadería y pastelería a la entrada de la superficie: no se me permitía ir al baño. Lo abandonaba, claro. Mis esfínteres no entienden de explotación laboral. Ese trabajo era la única manera que tenía de ganar lo equivalente a 2000€ actuales y "vivir bien" en Hamburgo. Una ciudad cara. Solo una inmigrante como yo aceptaría esas condiciones vergonzosas. Por eso me emplearon, por inmigrante. Lxs clientxs creían que era turca. Cuando les decía que era de Mallorca quedaban un poco decepcionadxs. En mi recorrido laboral de inmigrante había subido de categoría: Tenía una ridiculez de contrato (10 horas semanales) y una humillación de nómina. Tenía papeles laborales.

Anterior a esa mejora, trabajé durante dos meses en un restaurante de comida rápida mexicana, un establecimiento ubicado en el centro de Hamburgo, pegado a Dammtor. Todo muy empresarial. Allí, en ese tugurio fake mexicano, lxs clientxs creían que era mexicana. Lxs jefxs me pagaban por horas y en negro. Servía tacos y cervezas a gente de pie con prisa y mala vista. El hijoputa del dueño, un día que le dio por trabajar, se atrevió a pedirme que fuese a la cocina un segundo, y a plantarme a escondidas un beso asqueroso en los morros. Salí de allí rapidito, trabajé en silencio unas horas y, en cuanto estuve sola, le robé la caja entera, eché la persiana y no volví. Su mujer me llamó al día siguiente para ver por qué no había ido a trabajar. Una flaca alemana estirada y condescendiente, pasados los 50. "Pregunte a su marido y olvídeme". Tenía 18 años y el asco de repente en el cuerpo. Algún mes más tarde, limpié la casa de una mujer gallega una vez a la semana durante un tiempo. Era compañera del intensivo de alemán. Llevaba años viviendo en Hamburgo, establecida y casada. Me pagaba mal. Era una española aprovechándose de una española inmigrante. Yo necesitaba pasta. Luego ya llegó la panadería. Las 60 horas semanales de trabajo a solas vendiendo bollos. Una mejora considerable.

Años más tarde, acabada mi primera carrera universitaria, volví a Hamburgo. Ruedita de hámster, sacarme la espinita o curiosidad. Quería sacarme in situ una titulación máxima de conocimiento de idioma alemán, que me permitiría dar clases en Mallorca a nivel oficial. Licenciada en Filología Hispánica y cursando el doctorado a la vez en Madrid, esta vez conseguí un pequeñín empleo de profesora de español. Fueron pocas horas y poco dinero, insuficiente. Eran unas clases privadas extras en una asociación cultural a dos horas de trayecto de tren de mi casa.

En esa segunda estancia en Hamburgo, envié muchos currículos, me presenté en muchos lugares, siempre como filóloga; tras medio año, solo conseguí empleo en panaderías, ferreterías y joyerías. Mi novio mallorquín se había enamorado de otra inmigrante, esta sí era turca. No me lo dijo a la cara ni les pillé en nada, pero era evidente. Años después, cuando creyó que iba a morir, me lo confesó por teléfono. Me pedía disculpas porque se había enamorado. Ya me daba igual. Hacía siglos que no estábamos juntxs. En aquella segunda vida alemana tampoco me importó nada, la verdad. Tan solo estaba harta de cosechar trabajos de mierda, así que decidí que mi tiempo de inmigrante voluntaria había pasado y me volví a casa.

Luego, en Mallorca, conseguí un trabajo en Spanair, la compañía que quebró tras un trágico accidente de aviación en 2008. Allí trabajaba en el Call Center. Era un estrés y unas condiciones demenciales. Encadenadxs a la silla y al pinganillo. Desde entonces no soporto hablar por teléfono ni llevar cascos. Estuve 4 años en total, en la empresa: 2 al iniciar mis estudios; 2 al finalizarlos, cuando volví endeudada de Alemania. En las dos ocasiones necesitaba dinero para pagar mi temprana emancipación del hogar. A mi alrededor me daban la enhorabuena por haber conseguido un trabajo tan bueno.

Yo no entendía en qué consistía la grandeza de un puesto de trabajo en el que por 25 horas te pagaban 600€; y por 40, 1005€. A cambio de ese dinero y de esas horas, te exigían saber alemán e inglés, trabajar cualquier día festivo, estar disponible en turnos alternos desde las 6 a.m hasta las 12 p.m. Podías ir al baño dos veces en 8 horas (los "breaks" de 5 minutos, que fueron un exitazo en la oficina). Para comer disponías de 20 minutos, en los que podías sacarte el pinganillo y salir del cubículo individual, separado por pantallas de vidrio, en el que contestábamos con sonrisa forzada llamada tras llamada. Para más inri, nadie conocía su turno de la semana siguiente hasta la tarde del domingo. Conseguir que se nos diese el turno de 4 semanas seguidas fue un gran logro que permitió organizar nuestra vida privada (que sí, la teníamos). Lxs asalariadxs suelen tener vida propia y otros intereses, además del trabajo. Es algo que no todo el mundo sabe ni comprende y que debería especificarse como cláusula en los contratos a modo de recordatorio.

Ya en 2003 inicié mi experiencia laboral como profesora de secundaria. En 2006 saqué unas oposiciones. Las condiciones laborales se relajaban. No voy a afirmar que fuesen óptimas, pero eran claras y aceptables. Muchas personas creen que las condiciones de lxs profes son inmejorables. La pena social no es que seamos conformistas, sino que somos autoconvencidxs, que es mucho peor. Finalmente, en 2016 inicié mi recorrido como autónoma. Ahí estoy ahora. "Ahí" y "ahora", ya saben. Es mi opción vital, mi camino tomado. Las condiciones laborales, las prestaciones, la pensión de lxs autónomxs es irrisoria. No obstante, de todo lo que hay, es mi opción favorita. Mi mayor capital es mi tiempo. Es un tipo de capital que pierdo cada día, como todxs, pero que gestiono como me place mientras lo tenga. Con respecto al dinero, a veces gano más y a veces menos, pero no me angustia. Me angustiaba mucho más ceder mi vida para enriquecer a otrxs e ir subsistiendo a duras penas yo.

En 2010, cuando Zapatero anunció el recorte del 5% a lxs funcionarixs, la congelación del sueldo en 2011 y de las pensiones, supe que no volvería a cobrar los 2200€ que cobraba en mucho tiempo. Recuerdo que comenté que en 10 años estaría cobrando lo mismo o peor. Se veía venir. En esos años se extendió el término "mileurista" (pese a que el concepto ya contaba con un lustro de vida: surgió en una "carta al director" de Carolina Alguacil, en agosto de 2005). Este vocablo se ha convertido en un neologismo, incluido ya en el diccionario de la RAE, que aúna estar muy formadx, hablar idiomas, cobrar alrededor de 1000 euros mensuales, y tener un trabajo muy por debajo de las expectativas laborales individuales. Tener trabajo se convirtió en una situación laboral que agradecer (incluso a Dios). De ahí al "sí, bwana" hay un paso.

El agradecimiento es el motor de una buena vida. Que conste. Lo practico por el simple hecho de estar viva. Muchxs otrxs ya no lo están.

Fin del apunte biográfico.

En cuestiones laborales observo y detecto oportunistas de las desgracias ajenas: el mercado que sabe sacar provecho de las crisis. Tras el tijeretazo de 2010, y añadiéndole la pandemia del 2020, en 2024, en España el mercado laboral se ha vuelto cruel. Si no lo tienes muy claro, o si tienes una urgencia desmedida, te pueden colar cualquier cosa. Eso, como he explicitado con mi propia vivencia no ha cambiado mucho: si necesitas ingresos de manera acuciante (no hablo de tener trabajo, sino de situaciones desesperadas), estás listx.

No obstante, retrocedemos en derechos laborales. De nuevo, para modificar esta situación es importante superar el individualismo y apostar por visibilizar el malestar colectivo. A veces, cuando se llama a la acción colectiva, lxs ciudadanxs tranquilxs entran en miedo. La masa da miedo. Es un miedo atávico que convierte cualquier protesta en el fantasma de la destrucción, de la falta de control y de la violencia. Pero, la acción colectiva no es una masa descontrolada, sino que toma una dirección, se organiza en personas-público que opinan y denuncian. Todo muy organizado. Funcionan en red, como ya propuso el sociólogo Gabriel Tarde en 1901. Sólo la consistencia de la red puede sostener y visibilizar el conflicto para promover el desarrollo y el cambio. Sin conflicto no hay avance. No sé quién dijo eso, pero estoy de acuerdo. Conflicto dialogado, eso sí, transparente, negociado, asumido. Una red para deshacer los nudos que nos atascan. Trabajando y reparando las redes las veces necesarias. Por aquí somos marinerxs: sabemos reparar redes.

Popularmente se dice que la utopía no se consigue nunca, pero sirve para caminar. Añado que mejora el camino y el destino. El imaginario social debe ser radical. La meta debe ser radical. En la introducción ya comenté que esta sociedad puntillista está muy revolucionada, pero es muy poco revolucionaria. No se sostiene como sociedad porque disuelve la red. La individuación logra que resulte sencillo volver atrás en derechos, ocultando simultáneamente el retroceso social, escondiéndolo. El divisionismo construye una sociedad-cangrejo.

Es momento de reflexionar un poco acerca de estos retrocesos sociales que han ocurrido tras alcanzar lo perseguido. Alguien se movió para conseguir estos logros. Es justo que esxs alguien sean recordadxs: de vez en cuando sirve tirar de memoria y de hemeroteca. Un buen logro que proponer para nuestra época sería no abandonar más la agencia de lo que nos hizo bien, no permitir que la piedra vuelva a rodar hacia abajo como en el mito de Sísifo, mantener lo conseguido en materia laboral arriba. Recuperar los pasos retrocedidos y descansar para poder seguir avanzando en la mejora del tiempo vital cedido al trabajo.

Como este punto 18 trata de las condiciones laborales en esta época de existencia puntillista, concreto y especifico el enorme retroceso que vivimos en referencia al movimiento obrero, esencial durante el siglo XX, y finales del XIX, considerado ya clásico por la literatura académica sociológica. Y olvidado por muchxs de nosotrxs.

Los movimientos sociales de inicios del s.XX fueron el movimiento obrero, el primer feminismo y el nacionalismo colonial. Después, hacia los 50, apareció el concepto de calidad de vida, la igualdad de sexos, el pacifismo o el ecologismo. Todos estos movimientos buscaban mejoras para la globalidad de la sociedad o para la parte que se considera desaventajada. Aunque parezca una sentencia de Perogrullo, recordaré que un movimiento social, por pura definición, no es individualista. En cuanto al ya anacrónico y mal conservado movimiento obrero, durante décadas consiguió humanizar las condiciones laborales e irlas mejorando progresivamente. Las batallitas de nuestrxs bisabuelxs, que se hacen pesadas de escuchar, nos mejoraron la vida. No cuidar la permanencia de los logros tiene repercusiones en el bienestar social. Al igual que no cuidar de nuestros mayores. A la vista está.

A modo de enumeración, el movimiento obrero instauró la jornada laboral de 8 horas, mejoró las condiciones laborales, obtuvo el derecho a vacaciones pagadas, eliminó las horas extras (¡ah, qué tiempos!), aseguró un trato humano y exigió espacios laborales dignos. Estos logros se cobraron numerosas vidas en las huelgas iniciadas el 1 de mayo de 1886. Tristemente, cada uno de ellos ha visto un retroceso (si no un abandono) en el panorama laboral actual. Te lo cuento, pero si miras a tu alrededor, lo ves tú. Ocurre especialmente para trabajadorxs no cualificadxs, que acaban aceptando sueldos ínfimos, inestabilidad laboral, y horas extras según demanda. Los espacios en los que se trabaja dan lástima, si no rabia.

La sociedad afectada y la que no (que también lo está porque mira constantemente hacia otro lado) no ha reaccionado ante esta situación frustrante y generadora de conflicto. Pero, insisto, huele a cambio, a denuncia, a visibilización. Estamos despertando de la anestesia del "agradecimiento del pleno empleo"; estamos sacudiéndonos el miedo inoculado a carencias económicas mayores. Empezamos a levantar la alfombra para barrer la esclavitud residual.

Es preciso aún caminar hacia lo radical en el sector laboral. Sin medias tintas, sin autoconvencimientos ni agradecimientos contraproducentes. En mi humilde visión, estamos a la espera del acontecimiento gatillador (y ya hay gente con el dedo preparado) que marque la puesta en marcha. Se espera la oportunidad política para agendar el debate de cómo trabajamos, en qué, por cuánto y para qué o para quién. Un debate transformador. Huele a demanda social urgente y a movilización ciudadana. A cambio del aquí y del así.

Red, especie y conciencia. Qué placer.

ENLACES DE INTERÉS PARA EL PUNTO 18

https://www.rtve.es/noticias/20100512/el-gobierno-bajara-un-5-de-media-el-sueldo-a-los-funcionarios-en-2010-y-los-congelara-en-2011/330985.shtml

https://elpais.com/politica/2012/09/13/actualidad/1347569139_281922.html

https://www.elmundo.es/elmundo/2010/05/13/espana/1273738840.html

https://blogs.elconfidencial.com/alma-corazon-vida/tribuna/2017-07-01/mileuristas-nuevos-ricos-sueldos-bajos_1406603/

https://www.ultimahora.es/noticias/local/2024/08/09/2220359/trabajo-mallorca-inspeccionan-empresa-agricola-por-presunta-explotación-laboral.html

https://www.eldiario.es/illes-balears/sociedad/inspeccion-empresa-lider-vox-balears-aterroriza-jefes-si-preguntan-di-ocho-horas_1_11585279.html

- Graeber, D. [David]. (2018). Trabajos de Mierda. Ariel.
- Thoreau, H.D.[Henry David]. (1848). Desobediencia civil. (2022) Interzona

19.

PLAN PARA LA PROTECCIÓN DE LA SALUD FRENTE A LAS PSEUDOTERAPIAS

Noviembre de 2018

Fuente: https://www.sanidad.gob.es/gabinetePrensa/notaPrensa/pdf/20181141118135247771.pdf

Historia del juguete Pin y Pon

La marca Pin y Pon nació en España en 1983 de la mano de Famosa y rápidamente se convirtió en uno de los juguetes favoritos de varias generaciones de niños y niñas, por su versatilidad y variedad.

Fabricante: Famosa

Lanzamiento: 1983

Fuente: https://historiadeljuguete.com/juguetes/pin_y_pon.html

¿En que se cree cuándo ya no se cree en nada? Abordemos este espinoso tema.

Lxs arrojadxs a una existencia puntillista creemos en la Diosa Ciencia, y también en el Dios Universo. Aunque están siempre a la gresca, son inseparables. Funcionan distinto, pero se complementan.

Por un lado, el Universo te habla a ti solx, te hace señales y muestras, se une a ti para mostrarte los hitos en tu camino. Si no le haces caso y te va regulinchin en la vida es tu problema, pistas de sobra te dieron. El Universo no se hace cargo de nada. La Ciencia, no obstante, es una diosa lujuriosa, nos habla a todxs por igual, pero habla primero al que más pronto le pague y mejor la trate. Dice verdad y evidencia, pero calla lo que no se le pregunta, aunque sea información relevante para el caso y su resultado.

¿Qué me está queriendo decir el Universo si me aparece tu nombre tres veces en la última semana? Que te llame, que te echo de menos y que con suerte nos tomamos algo y charlamos. ¿ Qué dice la Ciencia de esta insistencia? Que estoy teniendo pensamientos recurrentes. Quizá me recete un ansiolítico o una terapia cognitivo-conductual para que me exponga y lidie con la ansiedad del encuentro. Vaya, lo mismo: que te llame, pero que pague.

El Dios Universo y la Diosa Ciencia son como Zeus y Hera. O como Adán y Eva. O, a la española, como Pin y Pon.

Como es tradición en las parejas que menciono, Universo y Ciencia traen un montón de accesorios para jugar. No todos se llevan bien. Algunxs incluso quieren silenciarse o aniquilarse mutuamente. Presentemos el elenco restante: los arcángeles Trascendencia, Esoterismo, Verdad, Conciencia Universal y las amigables, pese a denostadas, Pseudoterapias.

Vamos con Ciencia y su compañera Verdad. De rebote, por alusiones, harán un cameo las Pseudoterapias. Si hacemos un poquito de memoria y tiramos de cultura científica, en 1962, Thomas Kuhn publica "La estructura de las revoluciones científicas", destruyendo el mito de la verdad científica. Cuidadín con el dato, que Thomas Kuhn no era ningún magufo, sino doctor en física. Más ciencia que esa no hay. Un físico consecuente.

Kuhn muestra los entresijos de la Verdad científica. Explica cómo las "verdades" científicas se construyen dentro de paradigmas imperantes en un momento histórico que las legitima, fuera de los cuales pierden validez, interés e, incluso, existencia. En definitiva, cada época busca y valida sus propias verdades científicas e ignora conscientemente el resto de paradigmas posibles, por inadecuado a sus objetivos históricos.

¿Y en qué creemos hoy en día? ¿Cuál es el interés de aceptar un paradigma y de rechazar otros? Quiero alimentar un poco el debate de si son legítimos los distintos modos actuales de conocimiento —no científicos— y de búsqueda de bienestar emocional, mental y físico más allá de lo permitido por la ciencia. Mamá-Ciencia dice a Papá-Estado que Pseudoterapia se está pasando, se hace mayor y gana dinero. Mamá-Ciencia quiere que Papá-Estado proteja la salud de todxs lxs ciudadanxs, que está en peligro. Y se construye un plan de protección. Vaya, vaya. Cuánta consideración.

Parece que lxs ciudadanxs no acaban de entender este doble mensaje: por un lado la existencia puntillista lxs destroza, separa y aboca a enfermedades mentales continuas y a malestar emocional en el que no se encuentra apoyo, sólo diagnósticos DSM y farmacias; por el otro, cuando se responsabilizan de su bienestar/malestar y hacen gala de su individualismo de época, poniendo en entredicho la medicación anestésica habitual y el sobrediagnóstico, Mamá-Ciencia-Farmacéutica se enfada y se chiva a Papá-Estado. "No me forro. Estxs piensan. El sistema hace aguas. Mantenlxs remando".

Charlatanxs lxs justxs. Estamos con Kuhn, no queremos magufxs. Pero tampoco paradigmas reduccionistas y castrantes a golpe de pastilla. Hay que regular, claro, y aceptar lo mejor de cada casa. La medicina tradicional salva vidas; pero la medicina alternativa, también. No obstante, la ciencia va lentita. Si debemos esperar a que una investigación científica nos constate, por ejemplo, que la meditación mejora los tres sistemas cerebrales (el reptiliano: pura supervivencia; el límbico: el tsunami de emociones; y el cortical: nuestra decisiones razonadas) para practicarla, hubiésemos empezado a sentarnos y a respirar hace sólo una década. La neurociencia está en boga con estos hallazgos. Culturas milenarias como las hindúes y las budistas ya conocían sus beneficios y los disfrutan desde hace milenios.

Ciencia y Verdad poseen muchas virtudes, pero también adolecen de una prepotencia absurda y perniciosa. Pateemos su avispero interesado. Que su zumbido no silencie otros modos no financiados por sus propios laboratorios. Meditar es gratis y ahuyenta el fármaco. Lo mismo ocurre con la acupuntura (no es gratis, pero no es cara), otra medicina alternativa milenaria de tradición china. ¿De verdad necesitamos que nos evidencien con el método científico todo? Si el efecto de lo que me hace bien es placebo, que viva el placebo. Lxs puntillistas sentimos el malestar creciente y nos damos cuenta cuando algo lo reduce. Un trato humano, tranquilo y reposado nos hace bien. Una mirada atenta, una técnica natural. La ciencia, siempre. No estamos para rechazar recursos.

En la época puntillista (divisionista, recordémoslo), investigar algunos fenómenos y no otros; así como evidenciar la eficacia de unos fármacos y no de otros; o el resultado de unas técnicas terapéuticas y no de otras, responde a quién ejerza de paganini. Don Paganini viene siendo capital privado de origen e intención diversa, en primera instancia; o Papá-Estado (con intereses partidistas evidentes). Es decir, los objetivos que se alcanzan (la verdad científica resultante) dependen de los que se persiguen desde el principio, cuando se plantea la investigación; y estos a su vez dependen del interés, de lo que quiera conseguir quién la financie. Don Paganini no suele destacar por su espíritu altruista ni filántropo. Más bien toma la forma de multinacionales alimentarias, farmacéuticas o empresariales, que buscan un rendimiento económico tras su inversión.

Como mínimo, convengamos en que ninguna verdad es neutra ni natural, salvo que cada día sale el sol (y solo hasta que no salga, como manifestó Hume, hace ya 300 años). Así que, bueno, que dice nuestro Ministerio de Sanidad, Consumo y Bienestar Social, junto con el Ministerio de Ciencia, Innovación y Universidades, que la acupuntura y la homeopatía son pseudociencias y que hacen más mal que bien; que dicen que las pseudociencias son tan perniciosas, peligrosas, que es necesario un plan de protección, pues vale. Pero preguntemos, ¿Qué debe protegerse? Y no nos creamos el buenismo de la salud mental de lxs ciudadanxs, que sólo empeora año tras año. Transcribo un párrafo de la página 3 de este plan ministerial de protección:

> *"Todavía son muchas las personas que creen que algunos tratamientos son efectivos a pesar de no estar avalados por las evidencias científicas disponibles: un 59,8% cree en la utilidad terapéutica de la acupuntura y un 52,7% considera que los productos homeopáticos son efectivos, según la encuesta de FECYT de 2016".*

A mí me llama la atención el dato, la cifra, un 59'8% es mucha gente. El sistema hace aguas, la persona necesita sentirse mejor. El Universo nos está dando pistas. Ya lo que hagamos con ellas, como dije, es cosa nuestra. No he hablado de lxs otrxs arcángeles que acompañan a Universo y a Ciencia: Trascendencia, Esoterismo, Conciencia Universal. De esta última ya dije algo en el punto 13. A él remito. En síntesis: los tres personajes son juguetes que nos entretienen, nos calman el miedo y la insignificancia. Un mundo de fantasía inabarcable e inacabable. Es muy difícil para un ser humano aceptar su finitud: tenemos la desgracia de ser conscientes de ella. A la misma vez, esta consciencia de la propia muerte, y de la ajena, es la clave y el mejor regalo para vivir una buena vida. Saber que se acaba.

En esta parte del mundo, se vive de espaldas a la muerte. Ya dije que tener descendencia aquí muchas veces se explica como "dejar de vivir". De lo cual concluimos que también vivimos de espaldas a la vida. De la muerte no se habla porque asusta, se vive lejana y cuanto más ajena, mejor. La vejez no aparece en ningún lado, se busca quien la cuide. La pérdida de capacidades, de belleza, de juventud, de cuerpo, de salud, de vida es fea de ver: escondemos la vejez, la decadencia y la muerte.

Por aquí, creemos en que vivir es poseer y ganar, pero perdemos la turgencia, el pelo, los dientes, las ganas y la tontería. Todo es cuestión de tiempo. Agotamos el tiempo, queremos "aprovecharlo", lo rellenamos, pero no queremos aceptar las fases de la vida. Ni siquiera que existan. Es un modo de vida absurdo, inadecuado y de rabieta pueril. Nos distraemos de nuestra propia vida. "Vieja, la ropa", se dice. No. Vieja yo, y tú, y nuestros padres y ojalá que viejxs y muy muy viejxs, todxs.

No creemos en la muerte y, así, no creemos en la vida. Pero creemos en la trascendencia y en que tuvimos otra vida que nos dejó deberes para esta, o en que tendremos otra encarnación, a la que podemos dejarle lo irresuelto. Bienvenidas sean todas ellas, que se las apañen cuando toque, pero aquí y así, morimos.

Apunte biográfico cortito acerca de terapias y pseudoterapias. He recibido terapia cognitivo-conductual. Hace

20 años. Una muy buena psicóloga me ayudó a que se me calmasen los ataques de pánico. Llevaba 4 años alternando antidepresivos y ansiolíticos. Entre la rebeldía y la sumisión. Posteriormente, he recibido pseudoterapias: acupuntura equilibrante un par de años tras un duelo muy doloroso, lo más actual. Me he formado hace lustros y durante lustros en terapias humanistas diversas, que recibo y practico. Corporal, sistémica, PNL, Wingwave... Estoy formada en constelaciones familiares, donde se cree que las generaciones se organizan y se afectan. Además, observo cuando camino por la costa atlántica que debo respetar las mareas y la luna, para cruzar por algunos lugares y no ahogarme. Creo en que la luna llena y la nueva me afectan a mí también, además de al mar, como me afecta el sol en la playa.

¿Es necesario evidenciarlo todo? La gravedad funcionaba antes de que se evidenciase. De igual modo creo que las energías astronómicas nos influyen de todas las formas posibles, puesto que somos energía con carne, hasta que ya sólo seamos descomposición microbiana y nitrógeno. Así que me altero con la luna y me relajo con el sol. Y el tránsito de otros planetas me desequilibra a veces o me calma, a veces. Como un imán que atrae o repele. Lxs magufxs lo llaman astrología. Yo creo que es una evidencia física más: la astronomía de Stephen Hawkins, si queremos tirar de criterio de autoridad. Y la astrología, claro, de lxs egipcixs, de lxs babilónicxs, de lxs griegxs.

Luego ya otorgarle significado a lo que hacen los cuerpos celestes es cosa de analogías literarias. A mí me encantan las analogías, soy filóloga, ya lo dije. Además, al igual que una fuerza física me mantiene pegada a la tierra, creo que otra puede llevarme hacia la expansión en mi movimiento, por ejemplo. Así que, en una existencia puntillista, algunxs miramos al cielo y observamos la luna y la marea antes de cruzar. La Ciencia, si le interesa, acaba evidenciándolo todo, pero tarda mucho. La epigenética, por ejemplo, evidenció la influencia del ambiente y cómo condiciona la expresión de vulnerabilidades —heradadas— emocionales. Pero en sistémica ya se sabía. Todxs disfrutamos de la paciencia de la abuela o de la mala hostia del abuelo.

Gracias a las pseudoterapias, he entendido por qué entro en pánico y en ansiedad, no me aclaré con la terapia cognitivo-conductual. Sé cuándo estoy desatando, o se está desatando ese proceso en mí. Un ataque. Y puedo darme cuenta de a qué se debe, qué está ocurriéndome contextualmente y qué me está desequilibrando internamente. Que pueda pararlo es otra cosa: a veces, tiro de alprazolam. Vivo una existencia puntillista en toda regla. La ciencia me redujo el síntoma, y me da el fármaco, pero no me ayudó a comprender su etiología y a reestructurarme. A crear una vida con sustrato en la que pueda entrar en pánico en muchas menos ocasiones. Eso lo hizo el humanismo, las personas, el tacto. Son mis benzorecursos y creo que la panacea para este simulacro.

¿Existen otras "verdades"? ¿Podemos contemplar otros paradigmas e, incluso, pugnar por instituirlos? En los últimos años se está produciendo un movimiento filosófico, cultural, científico y social, que denuncia la medicalización social de quien no sea productivo (para un análisis exhaustivo, Davies, 2022); que denuncia los mercadeos con el malestar y sufrimiento (Padilla y Carmona, 2022) y que visibiliza nuestro paradigma socioeconómico, en el que nos autoexplotamos en una hiperexigencia meritoria delirante que nos extenúa (Han, 2022).

Estos movimientos cambian el foco. Nos permiten empezar a creer en otro tipo de existencia, más humana y conectada. En trascender, sí, pero en trascender el modo enfermo en que nos organizamos y optar por un modo sano de organización social, lleno de ciencia y también del universo intuitivo que te envía señales.

ENLACES DE INTERÉS PARA EL PUNTO 19

https://www.sanidad.gob.es/gabinetePrensa/notaPrensa/pdf/20181141118135247771.pdf

https://www.revistainfectio.org/P_OJS/index.php/infectio/article/view/237/256

- Davies, J.[James]. (2022). Sedados: Cómo el capitalismo moderno creó nuestra crisis de salud mental. Mireia Bofill (Trans.). Capitán Swing Libros, S.L.

- Han, B.C.[Byung-Chul]. (2022). La sociedad del cansancio. Herder.

- Kuhn, T. S. [Thomas]. (1962). La estructura de las revoluciones científicas. Fondo de Cultura Económico.

- Padilla, J. [Javier]., Carmona, M. [Marta]. (2022, 14 de diciembre). "La politización del malestar". *Pikara Magazine* https://www.pikaramagazine.com/2022/12/la-politizacion-del-malestar/

- Padilla, J. [Javier]., Carmona, M. [Marta]. (2022). Malestamos: Cuando estar mal es un problema colectivo (Kindle edition). Capitán Swing Libros.

20.

Macaco - una Sola Voz (Videoclip oficial)

Fuente: https://music.youtube.com/watch?v=q3xLLqtt16g

Estamos llegando al final. Este es el último punto. Es hora de coger un colorín y unir los puntos. A ver si vislumbramos algo. Es hora de desvelar la imagen global de esta época disgregada, de esta farsa divisionista. Tenemos teatro, pero no tenemos fiesta.

Antes de finalizar el manifiesto, quiero contarte algo. Será el contenido del punto 20. Tiraré de ciencia, de biología, que no hay que interpretar. De algo que ocurre en ti, en mí, en todxs. Me permito la analogía como viene siendo costumbre en este texto. Insisto en iluminar los puntos en común, la similitud de lo que creemos distinto.

Cada ser humano tiene aproximadamente 37 billones de células. En cada célula individual se encuentran alojados unos 20.000 genes. De ellos, sólo un conjunto pequeño se expresa en cada una de las células, el estrictamente necesario para que esta célula desempeñe la función corporal que le corresponda en el lugar preciso del organismo que ocupe.

Las células están bien organizadas. Se reparten el trabajo y la información, aunque todas posean idénticos genes. Se fijan y expresan en su contexto por el bien común del organismo entero. Sin ninguna conciencia se saben interdependientes. El resto de los genes está también ahí, es decir, cada célula posee toda la información genética, pero la mayoría de estos genes permanece latente (lo que no es de ayuda se conserva, pero no se expresa).

Además, el ambiente en el que cada persona desarrolla su vida, desde que nace hasta que muere, es único. En ocasiones vivimos en la misma casa, vamos al mismo colegio, respiramos el mismo aire, trabajamos en el mismo espacio, pero tenemos experiencias, tendencias genéticas, gustos y temperamentos diferentes. Según el ambiente, unos genes se expresan y otros, no.

El contexto y la estructura socioeconómica de esta parte del mundo, sin embargo, el modelo estructural occidental en el que vivimos cuando escribo esto, modelo que denuncio por vendehúmos, es compartido. Es el macroambiente. Como macroestructura permite, o no, que expresemos nuestra "información genética", potencial, poder personal, gusto, disfrute, libertad, talento, naturaleza o como lo quieras llamar. El contexto socioeconómico es la cazuela y es el límite. Estamos todxs inmersxs en el mismo caldo a ver quién coge el trozo de pollo más grande.

Hay abundancia en la naturaleza, pero no está dentro del caldo estructural deshumanizado que nos hemos cocinado. En esta época, mientras se nos dice que cada unx construye su realidad y es responsable del resultado que obtiene, se escamotean y normalizan estructuras sociales, fuerzas que nos constriñen y que nos dejan poco margen de actuación. Es un truco de magia. Un despiste. Sólo la naturaleza es natural. Lo demás es contrato. Si las cláusulas están ocultas o si estoy obligada a firmarlas no es vinculante. La responsabilidad me hace adulta, voto por ella; sin embargo, la hiperresponsabilidad es una paranoia que nos destroza.

Lo más obsceno que se escucha últimamente es que el bienestar individual depende de la capacidad individual de gestión emocional. "Gestión" es un término productivo. Ahí lo dejo. Cuidadín, que a mí me va el rollo del caldo, también. Quiero el pollo. Un trozo bien grande. Aguanto la presión y la selección ambiental mediobien. Pero me conviene más, por pura teoría del gen egoísta, pujar por darle una patada a la olla exprés entre todxs, derramar el caldo, y cocinar otra comida más ligerita, en un contexto amplio, que no apeste a encorsetado.

Cuando me cruzo con alguien, cuando se produce un encuentro, a mí me sirve recordar que esa persona es un espécimen único de la especie humana. La manera en que ha organizado todo el material de que dispone —su información genética expresada de un determinado modo y cantidad, modulada por el ambiente, y las experiencias particulares vividas, toda su biografía— es un modo absolutamente exclusivo en el planeta tierra.

Así que sí, eres especial. Como tú, sólo hay un individuo: tú. Igual de especial que cualquiera. No necesitas vestirte de nada, ni pertenecer a ninguna élite para ser totalmente exclusivx. Expresar tu exclusividad (y la mía, y la de cada unx), pasa por visibilizar el contexto, sus limitaciones, y reforzar o renovar las estructuras.

Hay que poner luz. No podemos avanzar a oscuras.

E iba concluyendo yo que, si cada una de tus 37 billones de células ha sabido expresar exactamente la parte que le corresponde —ni más ni menos— de toda la información que posee; combinar a la perfección todos los recursos de que dispone, para que tú, como individuo completo, puedas sobrevivir, para que a tu organismo le vaya bien, e, incluso, con un poco de suerte e inteligencia, para que disfrutes de tu vida con el máximo placer de que seas capaz... ¿vas a ser tú, tan grandotx, tan cociditx, tan adultx quien dejará sin expresar lo que has venido a decir?

No tienes ninguna misión de vida. No me canso de repetirlo. Esto no va de misionerxs salvadorxs o de fracasadxs frustradxs. Tienes voz, un contexto social y neuronas que quieren comunicarse. La tendencia al placer y al disfrute de todxs lxs mamíferxs. Las ganas de vida y la falsa creencia de que la supervivencia depende de algunas cosas que nos han contado. Nadie necesita todo este chiringuito de feria. Ni tú ni yo ni ningunx de nuestrxs hijxs.

La buena noticia es que tu cuerpo lo sabe. Lxs mamíferxs no nos aislamos, somos gregarixs. Creerse independiente, además de prepotente, te desnaturaliza. No existe ni una sola célula de tu cuerpo que pueda vivir sola. Cualquier neurona se sincroniza con el resto para funcionar, compartir y divulgar su información. Si este impulso electroquímico no atraviesa el espacio sináptico, la hendidura que las separa y mantiene aisladas, si tus neuronas no unen los puntos, sin sinapsis, en definitiva, estás muertx cerebralmente. Agur. Ya funcionas así. Ya sabes hacerlo.

Tengo muchas preguntas. ¿Vas a creerte que de verdad puedes solitx? ¿Vas a hacerte adictx a cualquier cosa para aguantar la soledad y la exigencia? ¿Vas a revisar cuántos "me importa" o visualizaciones tienes en tu pantalla enana? ¿Vas a tragarte que la responsabilidad de tu malestar diario es tuya en exclusiva? ¿Vas a obviar el contacto humano? ¿Vas a caminar para unir los puntos?

Existe algo en mis cuerdas vocales que pulsa; existe algo en mis dedos que pulsa: un picor que nace y busca forma. Te he contado una existencia puntillista. Una del montón. Hija de su época. Aun así, es una forma exclusiva, única, independiente, que desaparecerá irremediablemente cuando mis células descansen por fin y vayan degradándose para formar parte de otro tipo de materia. Como les pasará a las tuyas.

Si te paras a sentirte un poco, a ti te pica igual. Te pica por todo. Tu ser busca expresión e interconexión, es su condición natural. Le sucede a cada una de tus 37 billones de células. Quieren conexión.

Yo tengo algo que decir. Tengo un contexto, una macroestructura donde expresarme. Quiero arrimar el hombro, denunciar la farsa, y recolocar el andamio social que nos sostiene. Ahora mismo estoy en ello.

¿Y tú? ¿Coloreas conmigo el trazo que nos une?

MANIFIESTO DE EXISTENCIA PUNTILLISTA (3)

9.

La existencia puntillista está marcada por condiciones laborales inhumanas y escondidas: trucadas como contadores que marcan cantidades de horas falsas. Mientras en un discurso político hipócrita se debate acerca de rebajar la jornada laboral a 38'5h, en la empresa privada se obliga a la realización de horas extras bajo amenaza de despido; se explota y aprovecha la obra de mano inmigrante, así como la de lxs pocxs cualificadxs, para realizar los trabajos más duros y de menor salario.

En todos los ámbitos, se permiten contratos prorrateados, en los que en el sueldo se incluyen pagas extras, festivos, y finiquitos. De ese modo se juega con los números para que el sueldo parezca más de lo que es.

En esta época puntillista se aprovechan las crisis económicas mundiales y las pandemias para establecer y normalizar un esclavismo sumergido mediante contratos inhumanos, en los que las personas están al servicio íntegro de la empresa. Se infringe el derecho del trabajadorx a trabajar como máximo 40 horas semanales, en un espacio laboral amplio y adecuado, así como a disfrutar de vacaciones pagadas, no a cobrarlas y seguir trabajando.

A su vez, se divulga el relato social que naturaliza estas penosas condiciones, como si se tratasen de un destino inexorable ante el que nada se puede. Se desmoraliza y se trata de fantasiosx a quien osa exigir otras condiciones y no se doblega. A esto se añade el hacer responsable al individuo de padecer su propio destino, si no consigue acceder a otro mejor. Se busca convertir al trabajadorx en un autoconvencidx de su impotencia.

Para superar el divisionismo, proponemos no aceptar ninguna condición laboral humillante en nuestra persona y denunciar la de aquellxs que no pueden negarse por extrema necesidad.

Además, proponemos hacer el vacío a aquellas empresas que sabemos que explotan abiertamente a sus trabajadorxs; activar nuestro poder como clientxs, nuestra capacidad de cambio por encima de nuestro bolsillo; y pensar en red, en comunidad y en dignidad humana. No es sólo que podemos, sino que tenemos la obligación moral de cambiar el relato social hacia el empoderamiento colectivo e individual. No es un empoderamiento proletario, sino humano. El trabajo no nos interesa más que como medio. Nos interesan las personas y sus intereses genuinos: lo que sí quieren hacer.

10.

En la existencia puntillista se cree que podemos seguir con la humanidad sin madres, sin tratarlas bien, sin dignificar su tiempo y su cuidado, su bienestar. A las gestantes se las convierte en un problema en las empresas. Cuando se ponen de baja se las culpabiliza y se las acusa de fingimiento. Las conversaciones están plagadas de "aprovechadas" que piden bajas bajo "la excusa" del embarazo. Se aniquila el milagro de gestar vida, y de cuidarla. La existencia puntillista convierte la maternidad y la paternidad en un gasto, en un incordio.

Para superar la desnaturalización de la vida humana proponemos mejorar la consideración de las gestantes, sacar el algodón para cuidarlas. Incentivamos a las embarazadas a no ir a trabajar bajo molestias, a cuidar la vida que incuban cuando la vida es deseada. Es urgente entender y reivindicar la importancia social, colectiva de su estado. Es urgente que se sientan acompañadas por sus parejas, y por la sociedad que las acoge.

CODA

En la existencia puntillista el individuo se vive como independiente e individualista, se separa del contacto físico y no comparte ni su emocionalidad ni su raciocinio con el resto de lxs humanxs. No quiere amargar a nadie ni parecer débil. Se le dice que incomoda al otrx si se comparte.

Este modo de actuar en sociedad nos roba nuestro poder principal: nuestra interdependencia, nuestra vulnerabilidad y nuestra capacidad de expresarnos, de trasmitir nuestra información única y de crear juntxs una realidad mejor. Es una frase hecha llena de sentido: en nuestra vulnerabilidad está nuestra fuerza. En la existencia puntillista se obvia que biológicamente necesitamos estar conectadxs para seguir funcionando como sistema. Exactamente igual que nuestras neuronas.

El individualismo no se corresponde con nuestra naturaleza gregaria como animales mamíferos, por ello nos debilita profundamente. Lxs humanxs somos interdependientes y vulnerables. Necesitamos ser recibidxs y recibir al otrx. Cuidarnos. Nadie es capaz de sobrevivir solx. Cada unx de lxs miembros de nuestra especie necesita comunicarse con otro/s seres humanos. Todxs tenemos algo que decir, y necesitamos que se nos escuche.

Nuestra fuerza está en nuestra vulnerabilidad. Esto es precisamente lo que no quiere permitirse, que digamos que nos duele lo que nos duele y hagamos algo beneficioso con ello. Nuestra fuerza está en sabernos dependientes lxs unxs de los otrxs y en echarnos una mano, mejorar nuestra circunstancia. En crear red para sostener lo que nos ocurre y mantenernos interconectadxs.

En una existencia puntillista estamos disgregadxs y nos conectamos con el otrx a través de pantallas. Se dificultan cada vez más los espacios y los tiempos donde conversar, donde encontrarse físicamente y mirarse a los ojos. El tiempo y el espacio sin intermediarios y sin filtros. Se promueve una relación social sin personas, para enfriarnos. Un abrazo y una charla humana fortalecen.

Para superar este debilitamiento de lo natural gregario en nuestra especie, proponemos hablar abiertamente de lo que duele y de lo que es difícil, sin victimismos, sino con espíritu de avance. Proponemos escuchar al otrx con interés. Incluso invitarle a que se comunique.

Proponemos expresar sin vergüenza nuestra genialidad y escuchar la del otrx.

Proponemos abandonar el traje "de individuo que puede solx"; no cargar a nadie con nuestro victimismo, sino invitarle a nuestra experiencia. Compartir dolor, disfrute y alegría por igual.

Proponemos arrimar el hombro allí donde alguien sufre y quiere dejar de sufrir.

CON ÁNIMO DE MANIFESTARNOS

"dejar a descubierto, patente, claro, público, un propósito, una doctrina, un programa"

EJEMPLOS DE MANIFIESTOS DE IMPORTANCIA HISTÓRICA

(nos gusten más o menos)

Fuente: https://significadosweb.com/ejemplos-de-manifiestos-cortos-tipos-definicion-y-analisis/#

1. El Manifiesto Comunista de Marx y Engels (1848): Este manifiesto aboga por la abolición de la propiedad privada y la creación de una sociedad sin clases. Su influencia en la política y la teoría social ha sido profunda.

2. El Manifiesto Feminista de Seneca Falls (1848): Este manifiesto fue un hito en la lucha por los derechos de las mujeres en Estados Unidos y sentó las bases para el movimiento feminista.

3. El Manifiesto del Dadaísmo de Hugo Ball (1916): Este manifiesto fue fundamental en el movimiento artístico dadaísta, que desafiaba las normas y convenciones sociales.

4. El Manifiesto del Partido Nacional Socialista Alemán (Nazismo) (1920): Este manifiesto delineó los principios del nazismo y tuvo un impacto devastador en la historia del siglo XX.

5. El Manifiesto Surrealista de André Breton (1924): Este manifiesto dio forma al movimiento artístico surrealista, enfatizando la importancia de liberar la creatividad y explorar lo irracional.

6. El Manifiesto del Teatro del Absurdo de Martin Esslin (1960): Este manifiesto definió el teatro absurdo, caracterizado por situaciones ilógicas y diálogos desconcertantes.

7. El Manifiesto Cyborg de Donna Haraway (1984): Este manifiesto desafió las nociones tradicionales de género y tecnología, influyendo en la teoría feminista y los estudios culturales.

8. El Manifiesto de la Ciencia Abierta de Beth Noveck (2012): Este manifiesto promueve la transparencia y la colaboración en la investigación científica.

9. El Manifiesto Antropoceno de David Grinspoon y otros (2015): Este manifiesto aborda la influencia humana en el medio ambiente y aboga por una respuesta responsable al cambio climático.

10. El Manifiesto Black Lives Matter (2020): Este manifiesto se convirtió en un símbolo de la lucha contra la discriminación racial y la brutalidad policial en Estados Unidos y más allá.

EPÍLOGO

Ha habido ocho maravillosxs primerxs lectorxs que me han ayudado a ver cómo se recibía el texto. Si te han surgido las mismas preguntas que a ellxs, las aclaro aquí abajo. Si tienes otras preguntas es buena señal: el puntillismo te mueve. Te invito a que hagas algo de provecho para todxs con ello. Y te propongo que compartas tu malestar. Nuestra dignidad va en ello.

Ahí van las aclaraciones:

¿Para qué este manifiesto, qué propones?

Mi intención es compartir un malestar interno que siento comunitario. Expreso y hago pública mi vulnerabilidad para tirar la primera piedra, para contagiar un modo de vivir que contenga la expresión de lo que duele como hilo de platino que nos une. Creo firmemente que este compartir es una puerta de salida hacia la salud y hacia la acción... Me involucro, no hablo de oídas. Dicen lxs psicólogxs que la vulnerabilidad es un proceso que implica que un individuo no sea capaz de resistir el estrés psicológico, físico o ambiental. Alzo la mano: me declaro vulnerable en esta sociedad puntillista.

Mi motivación es que más personas abran la puerta de este garaje cerrado. Estamos todxs intoxicándonos. Los síntomas están en nuestro cuerpo, en nuestros escapismos y adicciones, en nuestra caja de benzodiacepinas. Podemos creer que nuestro sistema respiratorio individual posee un fallo y buscar un accesorio que nos ayude a sobrevivir. Nadie se salva solx. O podemos hablar en voz alta, dignificar cada experiencia propia, escuchar. Podemos observar la cantidad de manos alzadas indicando vulnerabilidad e ir a abrir la puerta del garaje para que entre aire fresco y respiremos mejor todxs. Compartir la vulnerabilidad propia es la primera acción revolucionaria que conozco: expuesta e igualitaria. Acompañarnos en un camino despiadado, la segunda.

¿Cómo lo haces? ¿Cómo te organizas para vivir en red? Me he quedado con ganas de más biografía o biografías...
Claro. Yo también me quedo con ganas de más. De que más gente cuente qué vive y cómo lo vive. Cómo es su existencia puntillista. No tengo ninguna fórmula mágica. Estoy dentro del garaje respirando monóxido de carbono con todxs. Esta sociedad puntillista es la mía, pero como me ahogo un poco —y veo ahogos allá donde miro— lo que hago es hablar, escribir, compartir mi vulnerabilidad. Es mi propuesta. Así tomo acción.

Encender la luz entre todxs, en definitiva, si queremos ver dónde podemos intervenir socialmente para estar mejor individualmente, y viceversa.

¿Por qué poner iniciales en vez de nombres o de respetar el completo anonimato?
Las iniciales en esta obra se corresponden con incógnitas a desvelar, como expliqué en la intro refiriéndome al uso de la

x para abordar los géneros. Cualquiera puede ser A., L., D., F. Detrás de cada inicial existe un ser humano por descubrir; un ser humano con el que interactuar, sufrir, pelearse, disfrutar. Cada unx de nosotrxs adopta diversos roles en su vida (hijx, pareja, amigx, clientx, hermanx, empleadx, jefx, etc.). Así, cada inicial en este libro y en la vida ahí fuera es una incógnita.

Todxs somos eso: una incógnita nueva ante cada situación. Incluida yo (Y.).

A veces consigo despejarme.

BIBLIOGRAFÍA SELECTA

1- G. K. Chesterton (2009). San Francisco de Asís. Homolegens.

2- Byung-Chul Han (2017). La sociedad del cansancio. Herder.

3- James Davies. (2022). Sedados: Cómo el capitalismo moderno creó nuestra crisis de salud mental. Capitán Swing.

4- Pablo d'Ors (2012). Biografía del silencio. Siruela.

5- David Graeber (2018). Trabajos de mierda. Ariel.

6- Krishnananda (2016). De la codependencia a la libertad. Cara a cara con el miedo. Gaia.

7- Thomas Kuhn (1962). La estructura de las revoluciones científicas. Fondo de Cultura Económico.

8- David Le Breton (2011). Elogio del caminar. Siruela.

9- Franco Michieli (2021). La vocación de perderse. Siruela.

10- Mar Millán (2022). La Naturaleza como Oráculo. La voz del silencio. Círculo Rojo.

11- Shane O'Mara (2020). Elogio del caminar. Anagrama.

12- Jenny Odell (2021). Cómo no hacer nada. Resistirse a la economía de la atención. Ariel.

13- Javier Padilla y Marta Carmona (2022). Malestamos: Cuando estar mal es un problema colectivo. Capitán Swing.

14- Beatriz Serrano (2023). El descontento. Temas de hoy.

15- Henry David Thoreau (2022). Desobediencia civil. Interzona.

16- Irvin D. Yalom (2002). El don de la terapia. Destino.

EL TRAZO QUE NOS UNE

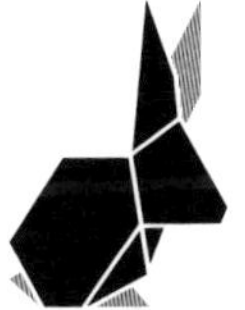